事業を創る。

日本製造業の
ビジネス大転換

野村総合研究所
青嶋 稔 著
MINORU AOSHIMA

中央経済社

はじめに

　日本の製造業は，過去より厳しい為替環境，韓国企業，中国企業の厳しい追い上げにあい，それらの困難を乗り越えてきた。しかしながら，未だ大変厳しい環境にある。何よりも製造業の市場環境はICT (Information and Communication Technology) 技術の進展により，大きく変化している。インダストリー4.0といわれるIoT技術を活かした生産システムの変化，顧客の機械からデータを取得し，遠隔監視，資産管理サービス等を行うことが可能となり，製造業のビジネスモデルは大きく変化せざる得ない状態になっている。

　蒸気機関の発明による第一次産業革命，電気を使った機械による大量生産を可能とした第二次産業革命，そして，コンピュータ制御による生産工程の自動化を実現した第三次産業革命に続き，IoTにより，人と設備が協調して動くサイバーフィジカルシステムにより，大きな生産性の革新，新たなるサービスモデルが出現している。

　さらにICT技術の進展は，製品を所有することから，必要なときに使うという事業形態を可能にした。Uberの出現により，自動車は"所有する"ものから，必要な時に"使う"ものに変化している。同じことが様々な工業製品に起きている。

　しかしながら，日本の製造業はこの絶好の機会を活かしきれていない。その理由は様々だ。生産システムが系列内でクローズであり，ICT技術を活かした生産システムの活用が難しいこと，生産ノウハウが匠の摺り合わせに依存しているため，情報システム化が難しいこと，日本人がシステムにあわせて業務を合理化する習慣に乏しいことなど多くの理由が挙げられる。このような市場環境の変化は日本企業にとって逆風ではないはずだ。なぜならば，日本企業には多くのアナログの改善力，摺り合わせ技術，顧客に対して真摯なる事業姿勢を持っている。こうしたアナログのノウハウの蓄積は，欧米企業よりも優れたものも多く，アナログ的な改善力，仕組みを形式知化，ICTを活用できれば欧米

企業以上に日本企業には成長余力が多いはずだ。こうした潜在性を活かすには，日本企業は，品質の良い製品を造る成功体験から脱却し，元来からのものづくりの強みを活かし，"事業を創る"ことへとそのビジネスモデルを転換していくことが必要だろう。

わたしは子供のころから，自動車会社に勤める父親の影響で，ものづくりを愛し，日本のものづくりに貢献することを自分の使命と考え，コンサルティングを天職として今の仕事を愛してやまない。本書籍に事例をあげている，トヨタ自動車，本田技研工業，ソニー，コマツ，日立製作所，三菱重工業，三菱電機，富士フイルム，富士ゼロックス，日東電工，東レ，コニカミノルタ，横河電機，セーレン，バルミューダなど優れた日本企業は，"製品を造る"から"事業を創る"に大きくその舵を切っている企業だ。こうした日本企業の変革を支援し，"新しい事業を創れる"日本になるために，何よりもその変革の推進に少しでも寄与したいと考え，本書を執筆した。本書が少しでもそうした変革の一助となることを祈ってやまない。

2017年11月

野村総合研究所　パートナー　青嶋　稔

もくじ

第1章　いまなぜ事業を創ることが必要か

1. 日本製造業が抱えている機会ロス ……………………………… 2
2. "製品を造る"と"事業を創る"の違い ………………………… 5
    1. 新技術に完全に依存しない ………………………………… 5
    2. 製品にサービス・運用事業やソフトウェアを組み合わせることで顧客への価値を訴求する ……… 7
    3. 自前主義を捨てる …………………………………………… 7
3. "事業を創る"プロセス ……………………………………………… 9
    1. 自社の事業ミッションの再定義と自社の強み分析 ……… 10
    2. メガトレンドの策定 ………………………………………… 12
    3. 顧客の洞察と理解 …………………………………………… 13
    4. 戦略策定とビジネスモデルの明確化 ……………………… 15
4. "事業を創る"プロセスの構築に必要なこと ……………………… 19
    1. "事業を創る"モデルへのトップのコミットメント ……… 19
    2. 全社横断的かつ事業リソース内部に踏み込んだ自社強みの分析 ……………………………………… 20
    3. 継続的市場分析と市場機会の創出 ………………………… 21

第2章 どうやったら"事業を創れる"のか？

1 自社を軸に考えるのではなく，世の中の変化を中心に考える ……… 24
1. メガトレンドの把握が必要 ……… 24
2. メガトレンド事例 ……… 28
3. メガトレンドから戦略への落とし込み ……… 32

2 自分たちは何の会社になるべきか？　問い直す ……… 35
1. 事業ミッションを再定義する ……… 35
2. 自社の強みを客観的に分析する ……… 38
3. 自社分析の進め方 ……… 40
4. リソースの最大活用に向けて ……… 46

3 顧客の変化を洞察する ……… 49
1. 顧客理解における現状の問題 ……… 49
2. 顧客理解を深めるために ……… 50
3. 顧客理解を深めた先行事例 ……… 51
4. 顧客理解から"事業を創る"への示唆 ……… 56

4 何で稼ぐか，を描き出す ……… 61
1. ビジネスモデル構築の必要性 ……… 61
2. ビジネスモデル構築の進め方 ……… 62
3. 先行事例からの考察 ……… 64
4. ビジネスモデル構築に向けて ……… 69

第3章　事業を創るために機能を見直す

- 1　R&Dのあり方 …………………………………………………………… 75
  - 1　現状の研究開発の問題点 ………………………………………… 75
  - 2　"事業を創る"ために必要となる研究開発プロセス ………… 76
  - 3　"事業を創る"ためのR&DでのKFS ………………………… 82
- 2　製品販売ではなく，マーケティング機能を創る ……………… 87
  - 1　"製品を造る"と"事業を創る"における
    マーケティング機能の違い …………………………………… 87
  - 2　先進事例 …………………………………………………………… 88
  - 3　"事業を創る"ためのマーケティング機能構築に向けて …… 92
- 3　"事業を創れる""ひと"を創る …………………………………… 98
  - 1　"事業を創る"に求められる人材 ……………………………… 98
  - 2　人材の具体的獲得方法と育て方 ………………………………… 99
  - 3　先進事例 ………………………………………………………… 100
  - 4　"事業を創る"人材を獲得するために ……………………… 111
- 4　積極的に外と組む（自前主義からの脱却） …………………… 114
  - 1　"事業を創る"アライアンスの必要性 ……………………… 114
  - 2　アライアンスプロセス ………………………………………… 115
  - 3　先進事例 ………………………………………………………… 116
  - 4　"事業を創る"ためのアライアンスを
    成功に導くために大切なこと ………………………………… 122
- 5　事業に強い情報システム部門を創る …………………………… 126
  - 1　"事業を創る"におけるICT基盤の重要性 ………………… 126

2　先進事例 ……………………………………………………… 127
　　　3　ICT基盤構築に向けて ………………………………………… 137
　6　ルールメークやリスクの先読み ……………………………………… 142
　　　1　日本企業の経営インテリジェンスの現状と課題 ……………… 142
　　　2　先進事例 ……………………………………………………… 147
　　　3　経営インテリジェンス強化に向けて ………………………… 150
　7　ものづくりに求められる新たなる機能
　　　（ものを造るだけではない生産機能） ……………………………… 155
　　　1　"事業を創る"に求められる生産機能 ………………………… 155
　　　2　先進事例 ……………………………………………………… 156
　　　3　生産機能での提供価値刷新に向けて ………………………… 164

第4章　各業種でみる"事業を創る"の進め方

　1　自動車 ……………………………………………………………… 170
　　　1　自動車事業の事業環境 ………………………………………… 170
　　　2　求められる変革の方向性 ……………………………………… 173
　　　3　先進事例 ……………………………………………………… 176
　　　4　"事業を創る"モデル実現に向けて …………………………… 181
　2　社会インフラ ……………………………………………………… 185
　　　1　社会インフラ事業の事業環境 ………………………………… 185
　　　2　求められる事業モデルの変化 ………………………………… 187

3　先進事例 ……………………………………………………………… 188
　　　4　"事業を創る"モデル実現に向けて ………………………………… 192
　3　エレクトロニクス産業 ……………………………………………………… 197
　　　1　エレクトロニクス・精密業界の事業環境 ………………………… 197
　　　2　求められる事業モデルの変化 ……………………………………… 199
　　　3　先進事例 ……………………………………………………………… 205
　　　4　"事業を創る"モデル実現に向けて ………………………………… 211
　4　ヘルスケア産業 ……………………………………………………………… 214
　　　1　ヘルスケア事業の事業環境 ………………………………………… 214
　　　2　日本の医療機器メーカーに必要なビジネスモデルの転換 ‥ 214
　　　3　求められる事業モデルの変化 ……………………………………… 215
　　　4　先進事例 ……………………………………………………………… 216
　　　5　"事業を創る"モデル実現に向けて ………………………………… 227

第 1 章

いまなぜ事業を
創ることが必要か

- ✓ 日本製造業が抱えている機会ロス
- ✓ "製品を造る" と "事業を創る" の違い
- ✓ "事業を創る" プロセス
- ✓ "事業を創る" プロセスの構築に必要なこと

1 日本製造業が抱えている機会ロス

　日本の製造業は品質が良い製品を造ることは得意としているが，では儲かる事業を創ることは得意だろうか？　いい品質の製品を造っているのに，事業で負けていることが多くなっているのではないだろうか？

　過去には製品の品質で勝負することで，差別化をすることができたが，いまや韓国の製品は日本製品と変わらない，もしくは日本製品以上の品質を実現している。さらに中国製品は，強烈なる性能面でのキャッチアップをしている。こうしたなか，製品の性能だけに訴求して，市場を獲得することは難しくなっている。つまり，過去からの日本企業の成功体験にいつまでも酔いしれていては，市場で勝つことが難しくなっているのだ。

　こうしたなか，製品を造るのではなく，「製品のみならず，運用，サービス等を組み合わせて提供すること」，つまり事業を創ることが必要になっている。

　そこで，いまなぜ日本の事業を創ることが必要となっているかを述べるため，日本の製造業が直面している機会ロスについてまずは述べていきたい。

　日本の製造業は過去，技術の強さでグローバル市場で成長を実現してきた。しかしながら，製品・技術の強さのみに依存することで日本企業が経験してきた機会ロスも大きい。日本企業は，常に市場を切り開くのに新しい技術シーズ，製品を開発することに依存してきたが，そのことにより，日本企業が被っている機会ロスは大きい。

　日本企業はエレクトロニクス，自動車，重電，精密機器など製造業で技術的強み，製品品質の良さを大きな差別化領域として，グローバルにその市場を切り開いてきた。しかしながら，新技術，新製品に依存した形での事業成長は難

しくなっている。コンシューマーエレクトロニクス製品を中心に製品がコモディティ化してしまったことにより，製品そのものだけでは差別化を行っていくことは難しくなっている。

　例えば，市場で顧客から支持を受けている製品を見ると，技術的新規性に依存していない場合が多い。具体的には，iPhoneも技術そのものでの新規性よりも，製品デザインの素晴らしさ，Appleというブランドとともに，Appleストアでの顧客経験と高い顧客からの認知，さらにコンテンツも組み合わせた形での事業展開などその事業は製品のみではなく，サービス，コンテンツ，顧客経験などの全体で構成されているといえる。電子手帳から発展したPDA（パーソナルデータアシスタント）を製造・販売していた日本企業はPDA端末に音楽の再生機能は搭載した。しかしながら，通話やインターネット接続等の通信機能や音楽の配信などを組み合わせ，新しい顧客への経験を創りだす"事業を創る"機能が弱かったため，iPhoneによる革命的顧客価値の実現に大きく水をあけられてしまった。日本の製造業は常に新しい技術，製品に依存してしまうため，取り損ねている事業機会が大きい。つまり大きな機会ロスを生じているのではないだろうか？

　特に，コンシューマーエレクトロニクス製品については，韓国メーカーはもちろんのこと，中国メーカーが急速に性能向上と新興国を中心としたグローバルなマーケティングで市場でのシェアを伸ばす傾向にあり，状況はますます厳しくなっている。

　また，すり合わせ要素が多い，重電メーカーにおいて同様のことが起きている。重電メーカーは製品の性能の良さで市場を広げてきたが，韓国，中国などが急速に追い上げている。なぜならば，両国はまさしく国をあげて，"事業を創る"ことに力をいれているからだ。

　日本における水，工場インフラ，交通システム，電力などのインフラにおいては運用サービスそのものにノウハウがある。ハードウェアの性能がいかに良くとも，それをどのように運用すれば効率が高い運用が可能であるのか，安全性も高く，効率的に運用するためのノウハウと組み合わせて展開することが求

められている．しかしながら，日本の製造業の事業展開はオペレーションノウハウなどが分かれている（水であれば水道会社，電力は電力会社）ため，製品売り切りの事業となりがちである．

　また，日本企業が強さを維持している複写機，プリンタなどの精密機械についてはタブレット端末などスマートフォンの普及により，情報の配信が紙から電子情報に変化していることにより，ドキュメントボリュームは下降傾向にある．それに伴いサービス単価は下落傾向である．こうした市場の変化は複写機，プリンタにおける新技術・製品では解決できない市場の変化である．獲得すべき市場はドキュメントボリュームではなく，顧客のワークフロー，配信されるコンテンツそのものの生成と様々なメディアに対応した配信による，より訴求力が高い情報配信事業なのかもしれない．

　さらには，日本が非常に強いプレゼンスを維持している自動車においては，大きな技術変化に伴い，ハイブリッド，電気自動車，燃料電池など内燃系から電気系へのパワートレインが大きく変化しているとともに，コネクティッドカーといわれるように自動車が常時インターネットに接続し，クラウド，SNSなどのITサービスにより，車に対する安全性の向上やサービスが可能となる世界が実現されてきている．こうした自動車とICT（Information and Communication Technology：情報通信技術）の融合による安全性の向上を実現するため，衝突防止のみならず，ミリ波センサ，車載カメラ，LIDAR（レーザーレーダー）技術などを活用した形で自動運転技術などにも大きな投資がされている．つまり，ICTが自動車には多く搭載されることにより，自動車はネットワークで繋がることによる新しい経験を造り出そうとしている．

　こうした大きな事業環境の変化をいち早くとらえ，過去，日本の製造業がコンシューマーエレクトロニクス産業などで味わった大きな機会ロスを防ぎ，今後日本の製造業がグローバル市場で市場シェアを獲得するためには過去の技術シーズ依存の"製品を造る"から"事業を創る"へと大きく事業展開の仕方を変革しなければならない．

2 "製品を造る"と"事業を創る"の違い

"製品を造る"が新しい技術シーズに基づき，新製品を開発することが多いことに対して，"事業を創る"は，1）新技術に完全に依存していない，2）製品にサービスや運用事業，ソフトウェアを組み合わせることで顧客への価値を訴求する，3）自前主義を捨て，他社などとのアライアンスにより，ビジネスモデルを構築することなどがある。

図表1-1　"製品を造る"と"事業を創る"の比較

	製品を造る	事業を創る
技術への依存	新しい技術シーズに完全に依存	枯れた技術でも可能（新規技術への依存は低い）
価値の構成要素	技術シーズを中心とした製品の新規性	製品，運用や保守などのサービスと組み合わせた顧客への価値訴求
事業展開リソース	自社を中心とした展開	足りないものがあれば他社とのアライアンスを実施

1　新技術に完全に依存しない

"製品を造る"は新しい技術に大きく依存した形で進められることが多い。しかしながら，技術開発には多くの投資が伴う。また，技術は市場投入されてから，技術が安定するまで，また安全性が担保されるまで，時間もコストもかかる。それに対して"事業を創る"では新しい技術への依存を下げることができる。古い技術であっても，枯れた技術であってもコンテンツや顧客経験，マーケティングやサービス・運用事業と組み合わせることで，新たなる市場を

作ることができる。富士フイルムが展開している磁気テープは従来からある技術であるが，富士フイルムは磁気テープの技術に最先端の磁性体であるバリウムフェライトを磁性体として使用することによって，長期保存性，記憶安定性，高容量化を実現している。こうした利点から，NASAやGoogleなどの顧客が同社の製品を使用するなど新たなる市場を創造している。

　富士フイルムが磁性体として採用したバリウムフェライトは，メタル磁性体と比較すると，記録した信号の再生出力が低く，その分ノイズも少ない特徴を有している。そのため，富士フイルムは，データを記録，再生するテープドライブにバリウムフェライトテープに適した感度が高い磁気ヘッドを搭載する必要があった。そこで，同社はテープドライブメーカーに協力要請をすることで，バリウムフェライトに適した感度が高いヘッドの実用化を依頼し，協力要請を受けたテープドライブメーカーはそれを実現した。

　通常であれば材料メーカーがテープドライブメーカーに磁気ヘッドの仕様に関する要望を述べることは極めて異例であるが，富士フイルムはバリウムフェライトが持つノイズの低さを生かした磁気テープを開発するため，テープドライブメーカーとも共同研究を行い，メタルテープの記録密度を凌駕した磁気テープの開発に成功した。これは単に自社の技術のみならず，バリウムフェライトのポテンシャルを引き出すため，ヘッドメーカーと共同開発するなど，顧客起点にたった"事業を創る"ことの成果と思われる。

　こうした元来からある技術を応用したイノベーションが求められた背景には，インターネットの普及やクラウド化など急速なるIT化の進展で，世界各国の企業・政府・金融機関・研究機関などが保有するデジタルデータは膨大な量となっていることがあげられる。そのため，ハードディスクの障害や地震などの災害による万一のデータ消失のリスクに備え，安価，大容量かつ安定性が高いバックアップの重要性が高まっている。こうした環境の変化をとらえ，富士フイルムは，媒体として安定しており，かつ価格が安い磁気テープにより新たなる市場を開拓した。

　さらに，富士フイルムはアナログのインスタントカメラであるチェキの事業

を大きく伸長させている。同社は，韓国のドラマで使用されたことをきっかけに，中国，韓国などアジアを中心に若年層に向けたマーケティングに力を入れることで，撮ったその場で出力し，共有することができるという新たなる経験と便益を若年層に訴求し，販売を伸ばしていった。

"事業を創る"ことは，このように新しい技術や製品に依存するのではなく，使い古された技術であっても，狙いとする市場を定め，顧客への価値を明確に打ち出し，マーケティングを行うことで市場を作ることができる。

2 製品にサービス・運用事業やソフトウェアを組み合わせることで顧客への価値を訴求する

製品のみではなく，サービス・運用事業やソフトウェアを組み合わせることで，顧客に訴求する価値を明確にすることが求められる。

例えばコマツは昨今ICT建機に力をいれている。油圧シャベルにICT施工機能を装着することにより，建設計画の図面を実装し，過去であれば熟練のオペレータのみが行えた土砂を平らにならしていく作業を新人のオペレータでも可能にすることができる。

コマツがICT建機に力を入れる背景には，日本のみならず世界で起きている建設機械オペレータ不足がある。こうした状況に対して，ICT建機により，新人のオペレータを活用できることは，深刻な人手不足を抱える建設会社の経営問題に対する大きな解決策を投じることとなる。

つまり，コマツは建設機械のみならず，それにICTの仕組みと情報化施工のシステムを組み合わせることにより，建設会社の経営課題に応えることができる提供価値を実現しようとしている。

3 自前主義を捨てる

日本の製造業は技術への思い入れが強いため，"製品を造る"においては自

前での技術を使い,製品を開発することが多い。しかしながら"事業を創る"には,すべて自社で実施するのではなく,顧客に訴求すべき価値を明確にしたうえで,提供価値の実現に必要なものであれば他社から調達し,事業として仕立てる発想が必要となる。

　つまり,"製品を造る"のみであれば自社の技術を基に行うことができるが,製品にサービス・運用,ソフトウェアを組み合わせることで"事業を創る"にはすべてを自社で行うことは難しい。したがって,すべてを自前で行う発想から脱却し,足りないリソース,技術については他社と組むことで市場に素早く投入することが求められる。こうすることで,事業化を早くし,顧客からの声を拾い集め,事業として仕立てていくことが必要となっている。

3 "事業を創る" プロセス

　事業を創るプロセスでは，①自社の事業ミッションの再定義と自社の強み分析，②メガトレンドの策定，③顧客の洞察と理解，④戦略策定とビジネスモデルの明確化が必要となる。

図表1-2　"事業を創る"プロセス

事業を創るプロセス	詳細
①自社の事業ミッションの再定義と自社の強み分析	事業で実現すべき顧客価値に鑑み，自社で事業を実現すべきことを再定義する事業環境を鑑み，機会・脅威などをとらえたうえで，自社の強みを分析する。
②メガトレンドの策定	グローバルに起きている大きな潮流，変化を自社の事業ドメインに関連する領域で捉えることである。
③顧客の洞察と理解	自社が現在展開している事業において，保有している顧客に対する理解を深める。仮説・検証を繰り返し，様々な顧客との接点で起きていることについて情報を一元化し，顧客理解を深める。
④戦略策定とビジネスモデルの明確化	①から③での考察から，顧客ターゲットと提供価値を明確化し，収益エンジンを明確にする。

1 自社の事業ミッションの再定義と自社の強み分析

(1) 自社の事業ミッションの再定義

　製品や技術だけで差別化が難しい昨今にあっては，自社が事業で実現するべきことを再定義することが必要となっている。さらに，自社の事業ミッション再定義と**2**で述べるメガトレンドの策定は行きつ戻りつを繰り返しながら進めることが必要となる。なぜならば，メガトレンド策定では，自社のミッションと強みにより再定義された事業領域に関連する領域を重点的に見ることが求められる点に加え，メガトレンドの策定から自社の強みを再認識することも多いからである。そのため，自らの強みを再定義するためにはSWOT（強み，弱み，機会，脅威）などを分析し，外部環境の大きな変化を鑑みるなかで，自社が保有している内部リソースの強みを再定義することが必要になる。

　なぜならば，新興国など元来から市場としている先進国とは異なる市場環境では顧客のもとめるものが先進国とは根本的に異なっている。さらに，ICTなどの技術革新により，過去とは異なる事業者が競合となるなど，事業構造は大きく変化し，それに伴い，顧客が求めているものも著しく変化しているからである。

　例えば，医療機器を販売するメーカーは医療機器を販売するのではなく，新興国で十分な医師がいない環境であっても機器を使えるように医師を育てることにより，大腸癌など病気の予防を促進することが事業のミッションかもしれない。現状，新興国ではCTや内視鏡など診断機器で診断を受ける患者の多くは末期癌であることが多く，診断機器としての元来の目的である予防医療の機能を発揮できていない。これは，内視鏡など医療機器を使える医師や読影医師の圧倒的な不足，健康保険などが不十分であること等，医療制度における問題，患者への予防に関する啓蒙不足が理由としてあげられる。つまり，これまで中心としてきた先進国とは市場環境が根本的に異なる新興国では，自社の事業のミッションを再定義することが必要となる。

また，自動車業界においても，市場環境は大きく変化している。移動手段としての自動車市場は，カーシェアに大きく奪われ，著しく小さくなってしまうだろう。運転することによる楽しさ，レクサスのようなブランドによる充実感，コネクティッドカーによるどこでも繋がるコミュニケーションの手段としての自動車の意味合いは大きく変化しており，自動車会社の事業ミッションも変わってくるであろう。

　さらに，複写機，プリンタ等，事務機も事業環境は過去と大きく異なっている。なぜならば，情報伝達の重要なメディアに紙は位置づけられるも，新聞の発行量に見られるように紙への依存は減少しているからである。さらに，刻々と変わる環境のなかで，タブレットやスマートフォンへの伝達により，リアルタイム性を重んじる情報伝達が増大している。以前のように大量コピーをして，大量に製本，配布する時代は終わってしまった。こうした市場環境の変化から，複写機産業は複写機を販売するのではなく，情報伝達の効率化をお手伝いする，顧客のワークフローの生産性を上げることなどミッションが変わってくるはずである。

(2) 自社の強み分析

　"事業を創る"プロセスにおいて，重要と考えられるのはまず，最初に自社の強みを客観的に把握することである。なぜならば，製造業において，多くの製品事業が厳しい局面にたっており，その多くが新しい事業を生み出していくリソースが足りないという悩みを常に抱えているからである。

　日本の製造業において，市場が成熟しているため，成長シナリオを描くことが難しくなっている製品事業もみられる。しかしながら，製品事業として厳しい局面であっても，それらに従属しているリソースの競争力がないということとは異なる。つまり，自社が持つリソースは製品とは分けて独立したものとして評価すべきであるということである。例えば，技術であれば出願している特許等を分析することが必要となる。製品事業としてのライフサイクルは衰退していても，技術は製品とは独立して考えなければならない。さらに，保有する

生産技術を棚卸し，分類することで，その強みを理解することが必要となる。

例えば，ある機械メーカーはその保有する生産技術を，生産エンジニアリング技術，生産情報システム技術，薄膜プロセス技術，高密度実装技術，光技術，構造設計・製造技術，制御技術，メカトロニクス技術と分類し，その生産技術の強みを客観的に評価，分類している。生産技術においても，製品事業に従属した形で考えてしまうと，製品のライフサイクルと同時に生産技術についても成熟期，衰退期にあるものととらえる誤りをおかしかねない。したがって，生産技術においても，保有するリソースを製品から分離して，客観的に評価することが重要である。

また，マーケティングや販売機能においても，事業が保有しているリソースを客観的に分析することが必要である。販売であればどのような販売チャネルを保有しているか，どのような顧客基盤を保有しているかは，自社の強みを理解するうえでは非常に重要なるプロセスとなる。

2 メガトレンドの策定

メガトレンドとはグローバルに起きている大きな潮流，変化を自社の事業ドメインに関連する領域でとらえることである。シーメンスは中長期のトレンドとして，①気候変動，②都市化，③人口構造の変化，④グローバル化などの大きな潮流のなかで，どのような事業機会を見出しているかを明確に定めている。つまり，大きな社会構造の変化から，自社が取り組むべき事業領域を定めている。また，シェルはシナリオプランニングにおいて，起こりえるいくつかの世の中の変化を予測することにより，いかなる事業機会が考えられるかシナリオのなかで予測している。これらの事例から学べることは，事業における環境変化をとらえる際，製品に直接関連する市場より，一段か二段大き目のマクロトレンドから把握することが必要となっている。つまり，製品事業からとらえている事業環境変化は製品市場を中心としたものであるがゆえ，大きなマクロ環境の変化を後追いすることが多かった。

しかしながら，今後は，どのようなマクロ環境の変化が起きるかを予測し，経営と事業部門が共通の市場環境認識を持つことが求められる。つまり，一見事業と関係ないとも思えるマクロ環境が自らの事業にどのような影響をもたらすか，もしくはそこから発生する社会的ニーズに対して，自社が事業として応えていくことはできないかという思考を採り入れることが必要になっている。

例えば重電メーカーにとっては今後起きるエネルギー環境の変化，都市化に伴う交通システムに求められる社会的ニーズの変化は大きな事業機会となる。また，情報機器などの産業にとっては，今後起きる情報通信のさらなる進展とクラウド化は大きな事業機会でもあるし，脅威でもある。

メガトレンドの策定は今後起きるであろうシナリオを考えることが目的ではない。それが自社にとってどのような機会と脅威をもたらすかを考え，経営と事業部門が高い視座で同じ事業環境についての認識を持つことが目的である。したがって，その予想が精緻にあたっている必要はない。将来どのような変化が世界で起きるか，思考をかけめぐらせ，製造，技術，販売部門など横断で市場環境の今後の変化を議論することが大事なのである。そこから考えられるシナリオを議論し，それに対して，事業機会に対する共通認識を持つことが最も大事なことなのである。

3 顧客の洞察と理解

"事業を創る"ため，顧客の洞察を行うことはとても重要なるプロセスである。まず自社が現在展開している事業において，保有している顧客に対する理解を深めることが重要となる。現状の事業で保有している複数の顧客接点から多くの顧客情報が取れているが，その多くは十分に活用されていない可能性がある。例えばコールセンターで受ける顧客からのクレームや要望，営業人員が顧客とコンタクトすることにより，獲得できる顧客情報はその保有形態がばらばらであるため，情報としては保有しているが，顧客理解を深めるに至っていないことも多い。つまり，これらの情報による一次的対応は行われるが，それ

らの情報を組み合わせることで，顧客を洞察するには至っていないことが多い。

　こうした状況を打破するため，常に顧客に対する仮説を構築し，検証する形で顧客理解を深めなければならない。つまり顧客理解は仮説をもとにした分析の視点がなければ，どれだけ情報入手の方法が多くても，それらの情報を組み合わせてさらに深みのある顧客情報の分析を行うことは難しい。顧客の変化に対する仮説を構築し，常に経営，品質管理，開発，生産，マーケティング，販売などが横断的に顧客からの声を分析にかけ，顧客に起きている変化を共有しながら，顧客ニーズの変化を議論し，まとめていくことが必要となる。ここで議論された顧客の動向に基づき，顧客に起きている変化の仮説，検証したいことが明らかになれば，コールセンター，営業，サービスマンなど様々な顧客接点を活用した検証方法が議論され，顧客の変化を検証することが可能となる。

　このように，顧客の変化について，常日頃から組織横断的に議論する習慣を組織に植え付けていくことにより，組織横断的な顧客洞察をすることが可能となる。顧客との接点が多い組織であってもそれが個人のもと，特定部門のところにとどまってしまうことが多い。こうした情報は組織横断的に議論する場を持つことにより，共有されることが必要となるが，共有が共有の場で終わることなく，それが新たなる事業機会の仮説と検証したい顧客の変化として新たなるアクションを生み続けることを組織の共有の場で習慣化していくことが大事となる。つまり，顧客の変化についての情報と仮説の共有は，仮説の検証等，その後のアクションと繋がってはじめて意味を持つ。

　また，顧客から集められる稼働データも重要なる顧客情報である。顧客は機械を使い，どのような作業をしているのか，その生産性はどのように推移しているか，生産上でのボトルネックはないのか，といった情報を機械の稼働情報から集めデータ分析を行うことにより，予兆保全，稼働率向上など大きな効果を顧客にもたらす可能性を秘めている。つまり，顧客が使用している機械を洞察することにより，似たような兆候が起きれば故障を未然に防ぐことも可能となる。さらに顧客が問題として抱えていること，課題を理解し，それらをいかに解決するかということを機械の稼働状況の分析と合わせて行うことにより，

顧客への生産性の向上を提案していくこともできる。例えば，GEは航空機エンジンの事業において，遠隔監視しながら航空会社の迅速なる航空機保守の実現を行っており，GEの顧客である航空機メーカーのさらに顧客である航空会社に対して，飛躍的生産性の向上を実現している。

4 戦略策定とビジネスモデルの明確化

(1) 戦略策定

"事業を創る"は，顧客起点に立ち，製品のみならず運用，サービスなどの提供価値を実現することが求められるため，より広い視野で事業環境を理解することが必要となる。そのため，戦略策定は製品開発よりも重要なプロセスになる。**1**から**3**で明確となった自社のリソースの強み，メガトレンド，顧客の変化などを見ることで自社がどのような事業を行いたいのか戦略を策定することが必要となる。その際，自社の競合となるのは過去製品事業で戦ってきた競合とは異なることが多いと思われる。例えばアメリカのゼロックスコーポレーションは大手企業のノンコア業務の外部化に伴うアウトソースの増大，紙の減少などの大きなメガトレンドから，BPO（ビジネスプロセスアウトソース），ITO（ITアウトソーシング）事業に大きく舵をきった。もはやゼロックスコーポレーションにとって，当該事業での競合はキヤノンやリコーではない。その競合はAccenture, IBMなどのグローバルなビジネスプロセスアウトソーサーである。

こうした事例からわかることは，戦略策定において重要となるのは顧客が誰かと，顧客に対する提供価値を明確にすることである。つまり，誰を顧客として狙い，何を提供価値とするかを明確にすることが重要となる。自社の提供価値を検討するプロセスにおいて，自社ができることの制約からいったん解放された状態で考えなければならない。なぜならば，顧客にとって大切な提供価値とは何かを基に考えることが必要となるからである。しかしながら，そこで考

えられる提供価値は場合によっては自社だけで実現できないものであるかもしれない。その場合，自社にできることに留めず実現したい提供価値を考える必要があるものの，なぜ当社が取り組むのか，顧客にとってのその必然性は考えなければならない。つまり，当社が提供価値として仕立てることにより，明らかに他社とは異なる差別化の要素があることが必要となる。

(2) ビジネスモデルの明確化

(1)で策定した戦略に対して，ビジネスモデルを明確に描き出すことが必要となる。

ビジネスモデルの明確化により，顧客への提供価値の明確化と収益エンジンの明確化を行わなければならない。提供価値実現のために必要となる経営資源をいかにあつめるか，足りないリソースがあればどのように調達するか，さらに何を収益のコアエンジンとするかを明確に定めなければならない。何を顧客にとっての提供価値とするのか，製品事業よりもその提供価値は明確に定めな

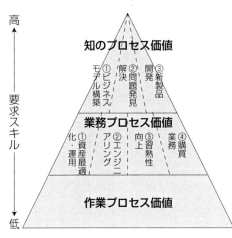

図表1-3　B2Bにおけるプロセス価値の図

各プロセス概要と企業例

知のプロセス価値
①ビジネスモデル案を提供し顧客価値を増大（例：HP）
②顧客の開発・製造プロセスを熟知し，プロセス効率化に向けて提案（例：キーエンス）
③顧客とパートナーシップを構築し，新商品の開発・企画を共同実施（例：東レ）

業務プロセス価値
①最適資産を提案，業務そのものを運用（例：HP，ゼロックス）
②自社製品に他社製品を組み合わせて製品化するエンジニアリング業務を代行（例：コニカミノルタ）
③習熟度の向上プロセスを提供（例：オリンパス）
④顧客の購買業務を代行（例：ASKUL，DELL）

作業プロセス価値
①作業そのものを代替する（例：複写機メーカー）

3 "事業を創る"プロセス

ければならない。製品が提供する機能のみならず，それは顧客に対して提供される生産性の向上であるかもしれない。もしくは製品開発に関する開発プロセスの支援かもしれない。製品と異なり，製品が提供する機能的価値のみならず，B2Bであれば顧客の業務や知の創造プロセスを代替するプロセス価値を提供

図表1-4　B2Cにおける消費者の購入・使用プロセスと価値体系

可視性	評価対象	受益者	価値名称	価値の説明	代表例	購入前価値	製品価値	購入後価値
定量化が可能	相対評価	自分	機能価値	機能的に優れている	・ほぼすべて		過去多くの製造業が差別化を図ってきた要因	耐久性，保証など e.g. 日系自動車メーカー
			価格価値	少しでも安く買える	・最安値保証 ・価格比較 ・送料無料		過去多くの製造業が小売業と組んで差別化を図ってきた要因	
			時間価値	すぐに買う事ができる どこからでも買う事ができる	・EC/配信 ・宅配サービス			
定量化が困難	相対評価	自分	信頼価値	安心して商品を買うことができる	・充実サポート ・返品可能・満足保証 ・品質表示		ブランドを構築した企業が，過去，差別化できた要因 e.g. 日本メーカー	
				お勧めをもらいたい	・レコメンデーション ・コンシェルジュ	自分にとってのリーズナブル e.g. Dell		カーナビの付加価値化 e.g. インターナビ (Honda)
	絶対評価	自分	自己表現価値	他者から憧れられるものを買いたい	・レジェンド		製品を持つ事で，社会的に認められる e.g. 高級車，高級アパレル，ブランド品	
				自分だけのもの，自分にとって心地よいものを買いたい	・カスタムオーダー ・ライフスタイル提案 ・UI/UX等デザイン	期待を高める空間の提供 e.g. レクサス	生活を変える機能と，UI/UX e.g. iPhone (Apple)	
							製品の優秀さだけではなく，家事の時間を減らす e.g. ロボット掃除機 (iRobot)	
							加熱水蒸気による調理法，新しい料理ができるようになる価値 e.g. ヘルシオのレシピ配信 (Sharp)	
				自分が商品を作りたい	・DIY，Makers等創作に関する商品		簡単に音楽の創作活動ができる e.g. 初音ミク	
	絶対評価	自分+外部	外部貢献価値	買う事で世界に貢献したい	・エコ商品 ・寄付き商品		リサイクル素材 e.g. フリース (Patagonia)	カーナビによる減災 e.g. インターナビ (Honda)
				買う事で事業者を育てたい	・クラウドファンディングを通じた出資		（新興製造業の資金調達）	

しなければならない。プロセス価値とは顧客の作業の代替や，業務プロセスの代替，新製品開発などの知の創造のプロセスを提供するものである。こうしたプロセス価値をデザインすることが重要となる。

さらに，B2Cであれば意味的価値が重要となる。意味的価値とは，顧客の側が商品に対して主観的に意味づけすることで生まれる価値，客観的数値で量的評価ができないようなもの，あるいは顧客も気づいていないような新しい機能が提案されているものである。商品の提供する「機能的価値」に対して，こだわり価値と自己表現価値を提供するものである。こだわり価値とは，単なる道具としては必要ではない機能や品質でもこだわる客は評価するものと延岡教授は述べている。また，自己表現価値とは他人の目を気にした価値であり，アパレル商品，高価なブランド品，高級車がこれに該当する（延岡健太郎「日本のものづくりで鍵を握る意味的価値の創造」より）。

こうした提供価値を明確にデザインし，何で収益をとるかを明確にすることが必要となる。

提供価値実現のために，こうしたビジネスモデル策定の過程において，コアとなる提供価値の要素を外部から獲得しなければならないかもしれない。その場合，当面，明確なる収益エンジンが内部になく，外部アライアンスを組みながら当面事業を継続し，収益エンジンを創ることになるかもしれない。このような場合も自社が持つ技術や販売などのリソースを生かすことにより，自社が"事業を創る"ことの必然性を明確にしなければならない。

4 "事業を創る"プロセスの構築に必要なこと

"事業を創る"プロセス構築に向けて必要となるのは，①"事業を創る"モデルへのトップのコミットメント，②全社横断的かつ事業リソース内部に踏み込んだ自社強みの分析，③継続的市場分析と事業機会の創出がある。

1 "事業を創る"モデルへのトップのコミットメント

"事業を創る"モデルは"製品を造る"モデルとは明らかに異なる。したがって，そのプロセスにおいては，製品開発プロセスとは勝手が異なるものである。"事業を創る"には"製品を造る"に比較すると，自社によりコントロール可能な部分が少なく，多くの外部を巻き込む必要がある。加えて，サービス・運用事業などやソフトウェアなどと組み合わせるため，顧客のオペレーション領域に深く入ることとなる。そうすると，製品の保証ではなく，オペレーションレベルの保証，サービスレベルの保証となり，保証しなければいけない範囲は格段に広がる。また，じっくりと製品企画してから出すというよりも顧客との対話を継続しながら市場で実現性を確認しながら事業スキームを創り上げるなどといったことも多いであろう。こうした過去の"製品を造る"と異なる取り組みを行うには組織が一丸となって取り組む必要がある。つまり，製品，サービス・運用，外部とのアライアンス，ソフトウェアやコンテンツなど多くの部門が連動し，その事業は創られるからである。こうした部門をまたがった取り組みとなる以上，過去の製造業の役員の責任所管をまたぐ形となり，担当役員も複数にまたがることとなる。さらに悪い場合は，部門の利害に挟まれ物事が決められないで，"事業を創る"ことが進められないかもしれない。

こうした状況において，経営者が"事業を創る"モデルに大きく事業構造を展開していくことを社内外に宣言し，トップ自らがコミットメントする形が重要となる。

2 全社横断的かつ事業リソース内部に踏み込んだ自社強みの分析

　自社の強みはどれほどの企業が正確にとらえているだろうか？　この問いに組織として，今一度日本の製造業は向き合うべきかもしれない。

　日本の製造業の組織は成長過程で大きくなり専門化していった。これに伴い，組織には壁ができ，専門化すると同時に横断的な取り組みができなくなった。いつの間にか全体を見渡せる人材は著しく減少してしまったのである。例えば自社に存在している制御技術者について，多くがそのハードウェアに従属する形で製品事業部に存在しているため，製品事業部内でしか認知されていないといった場合も多い。これらの保有する技術や販売リソースは製品と従属した形でとらえられると製品事業が衰退した際に撤退や売却の対象となってしまうこともある。

　しかしながら，自社のリソースの強みは製品事業から切り離し，客観的にその保有する強み，販売チャネルの強みなどを分析するべきである。なぜならばそこには多くの眠れる資産があるからである。例えば，家電製造業において事業売却が行われたが，撤退対象事業から成長事業へのリソースシフトが行われた。具体的には，三菱電機は保有している携帯電話からは撤退はしたが事業リソース，保有技術を分解し，通信技術，表示技術など保有する技術的強み，販売リソースの棚卸を実施し，これらのリソースを自社の強みとして活用し，カーナビゲーション事業などを成長させた。つまり，事業が弱いことはその事業に属するリソースが弱いということとはまったく異なることであり，保有するリソースを強みの各要素に分類，分解し，客観的に自社の強みを理解しなければならない。

3 継続的市場分析と市場機会の創出

　"製品を造る"と"事業を創る"の大きな違いは技術シーズ，新製品のみに依存せず，サービス・運用などを組み合わせ，事業を形成することにある。そのため，見なければいけない市場環境の変化の幅は広く，"製品を造る"より，一段も二段も上の視座から市場分析を行わなければならないし，対応しなければいけない変化のスピードも早い。つまり保有する技術シーズからそれがどのような事業に使えるかという思考で過去，製品開発を行ってきた日本企業はここに最も大きな思考の転換が求められる。つまり，中長期レベルでの世の中の大きな変化をみることを組織に植え付け，その変化に対して，どのような活動をすべきかを共有し，さらに具体的に行動を起こしていける組織文化を醸成しなければならない。そうすることで，市場はどう変化しているか，それをどのようなスパンでどのようなメッシュで行うか定めることで自社の活動に落とし込むことが必要となる。

　こうして行われるメガトレンドの把握においては，自社の事業に影響を与える重要なるメガトレンドに落とし込み，定点でモニタリングすることが重要となる。しかしながら，大事なのはメガトレンドが自社の事業機会にいかに繋がるかである。どのようなメガトレンドの流れを自社としてモニタリングするべきかを，本社，事業部門で議論して，決定しておく必要がある。そして，そのメガトレンドの変化が自社の事業にとって，どのような機会と脅威を生み出すかを議論することが必要となる。

　先述したシーメンスは①気候変動，②都市化，③人口構造の変化，④グローバル化の4つを自社の事業にインパクトが大きいメガトレンドととらえている。輸送機械であれば，ICTの進展，エネルギー環境の変化，都市化の進展に伴う交通インフラの変化等が自社の事業にとって大きなインパクトをもたらすはずである。常に大きな事業環境の変化が自社にとって，どのような機会をもたらすのかという思考を部門横断で行い，そこから自社が取るべきアクションまで落とし込める組織力が必要となる。

日本企業は技術力，製品の品質の高さで多くの成功体験を切り開いてきた。しかしながら，技術の良さ，製品品質の高さだけで，日本企業は勝てなくなっている。こうした環境下においては，経営が強いリーダーシップを発揮し，事業を創らなければならない。

第 2 章

どうやったら"事業を創れる"のか？

- ✓ 自社を軸に考えるのではなく，世の中の変化を軸に考える
- ✓ 自分たちは何の会社になるべきか？　問い直す
- ✓ 顧客の変化を洞察する
- ✓ 何で稼ぐか，を描き出す

1 自社を軸に考えるのではなく，世の中の変化を中心に考える

1 メガトレンドの把握が必要

　"事業を創る"ためには，顧客起点に立った運用やサービスを実現するために，中長期での市場環境の大きな変化をとらえ，それに対する，組織としての対応方法を具体化しておくことが必要となる。このように，"事業を創る"において必要となるメガトレンドとはグローバルに起きている大きな市場環境の変化を中長期でとらえることである。メガトレンドを把握することにより，市場環境の変化をとらえ，事業機会の把握を行うことが必要となっている。

　なぜならば，過去にないスピードで市場環境が非連続に変化しているからである。こうした非連続な市場環境の変化は，例えば，(1)自動車業界，(2)ICT業界などに起きている。

(1) 自動車業界での市場環境変化

　"製品を造る"の成長段階においては，製品に関連する顧客，競合の動きなどを捉えておけば良かった。しかしながら，昨今は非連続な事業環境の変化が様々な業界にて起きている。例えば，自動車業界においてはシェアードエコノミーが進展し，Uberが急成長している。さらに，環境技術に対するニーズも高まりエンジンなどの内燃機関も大きく変化している。こうした変化により，過去の製品を改善させていくことで，事業を継続成長させていくことが難しくなっている。

(2) ICT業界の市場環境の変化

　また，ICTにおける非連続な技術革新により，新興国におけるマイクロファイナンスやフィンテックなど金融におけるビジネスモデル革新やモバイルワーカーの増大など非連続な変化が起きている。

　こうした変化の激しい時代で，製品のみならず，サービスやオペレーションを組み合わせて"事業を創る"ためには，中長期で起きる大きな市場環境の変化，メガトレンドを把握しておくことが求められる。このように非連続での市場環境の変化が生じている現在において，"事業を創る"ためには，メガトレンドを把握することにより，市場環境の変化をとらえ，事業機会の把握を行うことが必要となっている。

　メガトレンドを把握することが必要になっていることの大きな理由は，①経営と事業部門が同じ市場認識を持つ，②市場の大きな変化に対して，前もった準備を行うことができることが大きな理由である。

① 経営と事業部門が同じ市場認識を持つ

　メガトレンドを把握することによりもたらされる重要なる効果は，経営と事業部門が同じ市場認識を持つことができることである。なぜならば，メガトレンドにより，自社の経営に大きなインパクトを与え得る大きな潮流を把握する過程で経営と事業部門が市場に関する認識，今後，発生し得る大きな変化を議論し，同じ環境認識を持つことができるからである。それにより，経営と事業部門に同じ市場認識の醸成がなされ，全社で取り組まなければいけない重点的な事業領域についての共通の理解が生まれる。こうした市場環境の共通認識により，経営者と事業部門の間での戦略策定はより強く噛み合った議論が行えることとなる。

② 市場の大きな変化に対して，前もった準備を行うことができる

　メガトレンドを把握することのもう1つの大きな理由は市場で発生し得る大

きな変化に対して，組織としての変化への対応能力を高めることができることである。その変化は1つだけのシナリオではなく，楽観的なシナリオもあるし，悲観的シナリオもあり得る。メガトレンドにおいて，単に予測としての1つだけのシナリオを用意するのではなく，複数のシナリオを議論し，それぞれのシナリオが発生した場合，どのような対応が可能であるかについて，経営と事業部門が議論をし，各シナリオにおいてどのような対応策をとるか，コンティンジェンシープラン（不測の事態に対する対応計画）を議論しておくことが非常に有効である。

　例えば，シェルは原油市場に影響を与えそうな中東の産油国の動きと，需要国である米国・欧州・日本などの動きをつぶさに分析し推論を立てた。つまり，原油市場について，原油需要の伸びは確実であるが中東の供給国からの供給の不確実性を前提として，2つのシナリオを描いた。一つは，需要増に見合った供給が確保されるシナリオ，二つ目のシナリオは中東の発言力が増し，石油危機が発生するというものであった。こうした2つのシナリオを想定し，それぞれについての対応策を組織として検討しておくことにより，シナリオ考察の2年後，1973年にオイルショックが発生した際，組織としての対応力を大きく強化することができた。

　その結果，一連のシナリオ考察の2年後，1973年に現実のものとなったが，シェルはシナリオが発生した場合の対応策について事前に考察し，社内で共有していたため，第四次中東戦争が勃発するなか，迅速に対処し行動することができた。こうした準備をしてきた結果，同業他社が迅速に対応することに対して苦慮している間に，シェルは業界での地位を確固たるものにしていった。なぜならば，シェルは前もって考えられるメガトレンドを策定し，そのシナリオが自社の戦略にいかなる影響を与えるかについて経営陣の間で合意を形成していたため，第四次中東戦争のような大きな環境変化に対して迅速に対応することができた。

　こうした事例は，企業が戦略策定において，メガトレンドを策定することによって，経営陣と事業部門が事業環境に対する共通認識を醸成するとともに，

市場環境に対する大きな変化に対して，組織としての対応力を持つことができることを表しているといえる。

　製品のみならず，顧客価値起点でサービス，運用等も組み合わせて"事業を創る"ためには，"製品を造る"よりも一層，メガトレンドを策定していくことが求められる。なぜならば，事業における環境変化をとらえる際，過去とらえてきた製品に関する顧客のニーズ，競合の動き，技術動向などの環境変化より，顧客の運用等に踏み込むため，とらえるべき市場環境が広く，より広い視点でのマクロトレンドを把握することが必要となっているからである。

　これまでの製品事業からとらえている事業環境変化は，製品市場を中心としたものであるがゆえ，大きなマクロ環境の変化からもたらされる環境への変化はどうしても後追いで行われることが多かった。それは，製品事業は自社が保有する技術を生かしたボトムアップ型が多く，製品に関連するところでとらえる市場環境はどうしても現在の製品に関連する競合，顧客に関連するところの情報となりやすいからだ。

　これに対して，"事業を創る"は，市場環境をより顧客起点でとらえることが求められており，一見事業と関係ないとも思えるマクロ環境が自らの事業にどのような影響をもたらすか，もしくはそこから発生する社会的ニーズに対して，自社が事業として応えていくことはできないかという思考を採り入れることが必要になっている。こうしたアプローチは自社の技術開発部門からボトムアップ型で検討するのではなく，本社部門も参画し，経営陣も参画したうえでトップダウンのアプローチをとることが必要となる。

　例えば，重電メーカーにとっては，今後起きるエネルギー環境の変化，都市化に伴う交通システムに求められる社会的ニーズの変化とICTの発展に伴うシェアードエコノミーの増進は大きな事業機会ともなるし，脅威ともなる。さらに，情報機器などの産業にとっては，今後起きる情報通信のさらなる進展とクラウド化は大きな事業機会でもあるし，脅威でもある。こうしたメガトレンドは事業に大きなインパクトを与える非連続な変化をもたらすこととなる。

　このように非連続な市場環境の変化が起きるなか，メガトレンド策定を行う

企業は増えているが，多くは中期もしくは長期経営計画を策定するために行われていることが多い。なぜならば，メガトレンドの策定が中長期経営計画の策定時には実施されるが，その後の年度の事業計画のフォローのなかで，事業環境変化をモニタリングし，戦略推進におけるアクションに落とし込めていない場合も多いからである。

　メガトレンドは今後起きるであろうシナリオを考えることが目的ではない。常に経営が自社の経営に影響を及ぼす可能性がある市場環境の変化に対して，アンテナを高くもち，それらの大きな環境変化が自社にとってどのような機会と脅威をもたらすかを考えることが目的であり，さらにはそこでとらえた環境変化から何らかのアクションに繋げて行くことが目的である。したがって，その予想が精緻にあたっている必要はなく，将来どのような変化が世界で起きるか，思考をかけめぐらせ，製造，技術，販売部門など横断で市場環境の今後の変化を議論することが大事なのである。

　そのためには，中・長期経営計画などで策定されたメガトレンドにおいて，自社が"事業を創る"ために大きな影響を与え得る市場環境変化を重要環境指標（KEI＝KEY ENVIROMENT INDICATOR）のような形で定期的にモニタリングが可能な状態に落とし込むことも1つのやり方である。例えば，重電であれば新興国のエネルギー需要，資源価格の変化，各国の電源構成の変化などがあげられる。このようにKEIにより，常に監視しておくべき指標を明確にすることで，自社の事業に影響を与え得る環境変化と，そこから考えられる今後の環境変化についてのシナリオを議論し，それに対して，事業機会に対する共通認識を持ち，アクションに繋げて行くことが最も大事なことなのである。

2　メガトレンド事例

(1) シェルのシナリオプランニング

　シェルはシナリオプランニングにより，中長期のシナリオ策定を行っている。

シェルは，事業環境において考えられる中長期の変化をとらえることにより，考えられるマクロ環境の変化を予測し，未来のグローバル市場について，MOUNTAINSとOCEANSという2つの異なるシナリオ策定をしている。

　例えば，MOUNTAINSシナリオは世界の経済，社会，政治，国際関係などが長期安定した状況を想定し，各国政府が政治，経済改革を緩やかに推進し，統治システムも時代になんとか適応していくシナリオを描いている。そのなかで，世界の経済成長は鈍化し，先進国は長期の経済的苦境にさらされ，途上国も中流層が拡大した後，安定成長に移行するシナリオである。このシナリオのなかでは，影響力は欧米からアジアに移っていくが，既得権を維持しようとする欧米とアジアの間で紛争が拡大し，米中対立も激化することを予想している。その結果，2020年代以降は米中の「G2」体制が世界秩序を構築し，さらに30年代には次の新興国としてインド，トルコ，南アフリカ，ブラジルなどが台頭することにより，新しい協調体制が生まれ，地球温暖化などの問題もそのシステムのうえで解決が図られる世界を描いている。

　これに対し，OCEANSシナリオはより変化の振幅が大きいシナリオを描き出している。このシナリオにおいて，先進国では財政危機などを契機に野心的な改革が推進されることで，政治的発言力を高めた中流層の価値観が具体化し，中流層が消費のエンジンとなるというシナリオが描かれている。また，規制緩和が行われることにより，新たなる成長セクターが生まれることにより，各国の経済成長を押し上げる要因となる。こうしたことから，貧富の差が激しかった新興国においても，貧富の差が縮まり，全体として生活水準が向上し，国内の秩序も高まっていく。こうして，途上国が成長することで，先進国経済を刺激し，市民の声はますます強まり，政治家はじめリーダーへの要求は高まり，頻繁にリーダーが交代させられる。その結果，ポピュリズムの傾向も強まり，政治は混乱し，ソーシャルメディアがそうした傾向を増幅するというシナリオを描き出している。また，グローバリゼーションの加速により国際協調していくことは非常に困難を伴うため，世界規模でのルールづくりなども容易ではなくなるというシナリオを描いている。

これらの大きく異なる２つのシナリオを描き出し，そこからそれぞれのシナリオについて，エネルギー業界にどのようなインパクトがもたらされるかをエネルギー・シナリオとして具体的なシナリオに落とし込んでいる。

このように，経営層がシナリオプランニングを議論することにより，様々な角度から事業の方向性を議論し，戦略を検討することにより，組織として事業環境の大きな変化に対応している。

シェルはこうした極端なシナリオを想定することにより，経営が対応できる市場環境変化への対応の幅を広げている。第１節でも述べたが，1973年のオイルショックにおいて，シナリオプランニングを行っていたことで，対応策について事前に考察し，社内で共有していたため，第四次中東戦争が勃発するなか，迅速に対処し行動することができた。

(2) デュポンによるメガトレンドの策定と浸透

デュポンは1802年火薬事業で創業した。創業200年を超え，企業としての三世紀目を迎えている。デュポンは，自社の事業にとって重要な市場環境変化の領域として，「食糧増産の需要」「脱化石燃料」「安全なくらし」「新興市場の増大」という事業に直結する４つのメガトレンドを重視している。そのなかでも特に，農業が非常に重要となり，化学とバイオ技術を組み合わせた農業が求められる姿を経営陣は将来あるべき事業の姿として描き出している。

こうした背景には，地球では人口が増え続け，2050年までに世界人口が90億人に膨れ上がると予想し，増え続ける人口にどう食糧を供給するかを社会的課題としてとらえていることがある。さらに，増大する人口に伴い，輸送手段も必要となり，それにはより多くのエネルギーが消費され，環境対応，安全への要求も高まると事業環境の変化をとらえていった。また，産業化によってもたらされる気候変動に伴い，世界的な資源逼迫が訪れ，エネルギー消費を抑制するために素材の軽量化や先端材料の分野でデュポンが重要な役割を果たすことを戦略として描き出している。

このようにして，21世紀に拡大が見込める新たな分野として，農業，エネ

ギー，バイオ素材という産業間ポートフォリオに戦略的な成長要因を求め，バイオサイエンスによる循環科学産業を構築することを目指している。そして，こうした経営の決断に基づき，コノコ（石油会社）を売却し，そこで得た資金を種子ビジネスやバイオ技術に投資していった。

　こうしたメガトレンドの把握からデュポンは，世界中の農業の生産性を向上して食糧危機に対処するとともに，農作物の茎や葉のような非食用部分を原料として，バイオエタノールのようなエネルギーを生産し，さらにバイオ素材を提供している。デュポンの工業バイオテクノロジーは，家畜用飼料向け栄養材料，食品，洗剤，繊維，カーペット，パーソナルケア，バイオ燃料などの市場に対応した事業展開を実現している。

　このようにデュポンでは，メガトレンドを基にデュポンの方向性を明確にし，さらに，多くの従業員が目的意識を持ち，企業として戦略の実効性が高まることを重視している。つまり，デュポンは，このメガトレンドをマネジメント層だけに留めることなく，世界中の従業員に浸透させることを続けている。経営者自らが着目するメガトレンドとそれに伴うデュポンの事業の方向性を語りかけることで，時間とコストをかけても世界各地で丁寧なる説明を繰り返し，全社の意識統一を図っている。さらに，メガトレンドを策定することにより，将来のビジネスチャンスを見極め，投資を積極的に行っていくべき新事業領域を見出し，買収による必要となる技術等の経営資源の獲得や研究開発費の重点的傾斜配分を行っている。こうしたことは将来考えられる変化に対して，経営陣がアンテナを高くもち，感度を高く保ちながら，将来予測される変化を先取りする形で事業機会を見出し，経営者が従業員に直接語りかけることで事業環境認識に対する理解の醸成と戦略実効性を高めているといえる。

　その結果，デュポンは策定したメガトレンドに対応した形で，戦略を着実に実行しており，農業，栄養，インダストリアルバイオサイエンス，最先端素材などにおいて，着実に"事業を創っている"。

3 メガトレンドから戦略への落とし込み

　メガトレンドにおいて，とらえた市場環境の変化をいかに戦略に落とし込むかが必要だ。なぜならば，"事業を創る"には，自社が策定した事業におけるミッションから考え，重要となるメガトレンドを抽出し，世の中の大きな変化と事業との関連性を描き出すことが必要となるからである。例えば重電メーカーにとっては，エネルギー環境の変化や資源環境の変化は大きな変化を生み出すモニタリングすべき重要なるメガトレンドである。

　メガトレンドの策定プロセスにおいて，重要なのは本社主導のもと，事業を展開する事業部門と地域統括を議論に巻き込むことである。なぜならば，世の中で言われている一般的メガトレンドでは，事業の戦略とは繋がりにくいことが多いからである。そのため，メガトレンドの策定には本社と事業を展開する地域が一体となって進めることで，"自分ごと"であり，腹おち感があるメガトレンドを策定することが求められる。

　メガトレンドにおいて，求められるプロセスは，(1)継続的にモニタリングしていくメガトレンド領域を決定する，(2)地域，事業のトップが集まりメガトレンドについて継続的に議論する場を作る，(3)継続的にモニタリングできる指標におとすことが必要となる。

　それでは，メガトレンドの策定プロセスについて順をおって説明したい。

(1) 継続的にモニタリングしていくメガトレンド領域を決定する

　メガトレンドを策定していくためには，自社の事業にとって，重要なモニタリングすべき領域を策定することが必要となる。例えば，シーメンスが「人口構造の変化」「都市化」「気候変動」「グローバル化」の4つの領域を自社にとって重要なメガトレンド領域と定めたように，自社にとって事業にとって，インパクトを与え得る領域を決定しなければならない。

(2) 地域，事業のトップが集まりメガトレンドについて継続的に議論する場を作る

例えば重電メーカーに重要なるメガトレンドとして，新興国での大都市の誕生と環境に配慮した街づくりなどがあるであろう。しかしながら，こうした議論を日本本社で行っていても，事業がどのような市場環境にあるか，市場でどのような変化が起きているか想像することとなり，実効性のある事業戦略は生まれにくい。本社は事業部門と地域統括会社と議論を交え，重要となる市場環境の変化を共有し，かつ戦略の実行力を高めるため，対象となる事業と地域を巻き込みながら議論を進めることが必要となる。そのためには，マクロレベルでの大きな変化を本社が把握したうえで，事業部門長や重要地域拠点長を議論に巻き込み，マクロレベルでの市場環境の変化と現在，現地地域統括会社が把握している地域政府のニーズ，今後考えられるインフラへの投資要望など現地で実際に起きていることを一連のシナリオに落とし込むことが必要となる。

例えばASEANは今後，大きな成長が望まれるが，現在は交通渋滞が非常に激しく，公共交通機関に対する大きなニーズがある。そのため，メガトレンドではASEANでの都市化と渋滞を緩和するための交通システムの構築が求められる。しかしながら，こうした交通インフラのプロジェクトを戦略に落とし込むには，本社のみならず地域統括会社が現地政府をはじめとした重要人脈などとの関係構築もしくは強化や，日本政府や関係省庁との連携，リスクマネーにいかに対応するかなどのファイナンススキームなどと合わせて戦略に落とし込まなければならない。

(3) 継続的にモニタリングできる指標におとす

重要なるメガトレンドを策定し，地域や事業拠点と中長期の市場環境における環境変化シナリオを策定したら，定量的にとらえられ，変化をモニタリングできる指標を抽出することが有効と思われる。

つまり，定量的にとらえられるものを重要環境指標（KEI）としておくこと

で，定量的変化から大きな潮目が変わっていることを数字として定期的にとらえ，今後の変化に対していかに対応していくか議論することが求められる。

　例えば，電子化が進むことにより，複写機の台数が減少していくと考えられる複写機業界におけるKEIは各国別のスマートフォンの普及台数，インターネット普及率，電子書籍普及率などなのかもしれない。大事なことは，KEIは取得が困難なものではなく，取得可能なものであるべきで，これらの取得に時間を要するものであってはならない。なぜならば，モニタリングすべき指標を取得困難なものにしてしまうと，取得のために工数ばかりかかってしまい，継続した運用が不可能になってしまうからである。

　最後に大事なことは，メガトレンドを策定することが目的化されてはならないということである。なぜならば，中・長期経営計画内などで行われる極めてイベント的メガトレンド策定は一過性のものとなってしまい，その意義を益々脆弱なものとしてしまうからである。つまり，こうしたメガトレンドの策定は，手間がかかる割には出てくるアウトプットがあまり事業と関係ないということになりがちだからである。

　メガトレンドの目的は経営陣が同じ事業環境に対する認識を持つことと将来考えられる大きな事業環境の変化を想定し，それに対する対応力を増していくことにある。したがって，メガトレンドとは策定されるのみならず，今起きている目の前の変化が将来どのような変化に繋がっていくのか，それを議論することにより，環境変化への組織の対応力を増大させていくためのものでなければならない。したがって，継続的なメガトレンドに関する議論と，予兆をモニタリングする指標への落とし込みを通じて，メガトレンドを社員に共有し，組織としての環境認識とその変化に対する対応力をあげ，戦略実行力を高めて行くことが求められる。

2 自分たちは何の会社になるべきか？問い直す

1 事業ミッションを再定義する

　"事業を創る"は，"製品を造る"とは異なり，重要となるのは製品のみならずサービス，運用などを組み合わせ，顧客に対する提供価値の領域を拡大することである。こうした"事業を創る"を進めていくためには事業のミッションを明確に再定義しなければならない。なぜならば，過去より良い製品を開発すれば成長できるという成功体験が強い製造業が，技術や製品への依存から脱却し，顧客価値起点で"事業を創る"ことを展開することが必要となっているからである。このように"事業を創る"ことが必要となっている背景には，製品，技術起点で行う製品開発では，事業の成長を継続できない市場変化がある。

　市場において製品が行き渡り，家電製品やオフィス機器等のようにコモディティ化が進んでいる昨今にあっては，事業における成長シナリオを描き出すには，自社が事業において実現するべきことは一体何か，再定義することが必要となっている。つまり，製品そのものがコモディティ化し，技術だけで差別化することが難しくなっている場合，製品事業だけで他社に対する差別化を行うことは難しいからである。また，過去とは異なる競合が事業に参入し，事業構造は複雑になっていることもその理由にあげられる。例えば自動車業界においては，電気自動車の出現，ICT技術の進展により，Apple，GoogleもしくはUberなどが競合になってきている。

　また，医療機器を製造・販売するメーカーが市場成長の見込まれる新興国で事業展開を行う場合において，単に製品を開発するだけでは事業の成長を実現できない。つまり，医療機器メーカーは医療機器を販売するのではなく，新興

国で十分な医師がいない環境であっても機器を使えるように医師を育てることにより，大腸癌など病気の予防を促進することも事業のミッションかもしれない。なぜならば，機器だけを販売しようとしても，機器を活用できる医師を育てないと機器が活用される環境が整わないからである。今後成長する新興国は，先進国と市場環境が大きく異なり，機器が活用されるための環境を整えるために，医師の育成や病気の予防についての啓蒙を行うところから始めなければ医療機器の市場を創造することはできない。

　さらに，自動車業界も大きな市場環境の変化に直面している。技術的には内燃機器の変化，つまり従来からのガソリンやディーゼルエンジンからハイブリッド，電気自動車などへ変化していることがあげられる。電気自動車になることにより，業界構造が大きく変化し，AppleやGoogle，フォンファイなどが自動車製造に対する意欲を示している。つまり従来自動車とは全く無縁であったプレイヤの多くが自動車業界に参入することが可能となっている。

　こうした変化に加え，自動運転の技術とIoT（Internet of Things：「もの」がインターネット／クラウドに接続されて情報交換することにより相互に制御する仕組み）の技術が出てきたことにより，自動車の位置づけは大きく変化しつつある。自動車はもはやスタンドアローン（単独）では語ることはできず，コネクティッドカーと言われるように，繋がることによるコミュニケーションの手段となっている。例えば，自動車から発信されるプローブ情報から渋滞情報などの情報を集め，ナビゲーションを行っていることはもとより，自動車にはOSが搭載され，コミュニケーションの場ともなっていく。さらにインターネットの技術により，自動車は保有するから共有するシェアードエコノミーが進展している。これは公共交通機関のあり方も大きく変えて行く可能性を秘めている。Uberに代表されるシェアードエコノミーの広まりは，自家用車の空き時間を活用することによる利便性，ドライバーの評価システムによる安全性により急速な広まりを見せ，タクシー業界を脅かしている。

　なぜならば，Uberを活用することにより，例えば自動車通勤をしているドライバーが同じ方面に働きにいく見知らぬ人と相乗りをし，通勤することで公

共交通機関の役割をも持ち始めているからである。こうした現象は公共交通機関のあり方，自動車の意味を大きく変化させている。

　さらに自動運転が今後広まることはさらに大きなインパクトを与えるであろう。自動車を運転することの楽しみ，趣味や娯楽としてとらえるのであれば自動車を保有することの意味は変わらないのであるが，実用性としての自動車を考えるのであればそもそも所有の意味は薄まる。さらに自動運転になると自動車自体に運転する楽しみはなく，移動手段のみとなり，シェアード化はさらに進む可能性が高い。こうしてシェアードエコノミーが進む環境下で，自動車メーカーは自動車を運転することの楽しみを消費者に理解させていかなければならない。この楽しみは単に運転することの楽しみだけではなく，繋がることによる楽しさが大きくなるのかもしれない。さらに，バスの自動運転化により，公共交通機関など移動手段を提供することも考えられる。

　現状は，線路など軌道系を整備してから電車を通すことにより，公共交通機関の開通は実現している。しかしながら，自動運転によるバスの運行を行えば，信号からとらえられる自動車の交通量に合わせてダイヤを臨機応変に変えることも可能だろう。こうした自動運転技術を活用し，新興国でも早く都市インフラとしての交通インフラを構築することも自動車会社のミッションとなるかもしれない。

　新興国においては急速なる経済発展に伴い渋滞に悩まされている。こうした状況において，自動車をこれ以上販売したくとも道路環境が悪く，慢性的な渋滞に悩まされているため，市場のポテンシャルを引き出せていない。例えば，インドネシア，タイなどに頻繁に訪問している筆者も日常的な渋滞に移動時間を推測することが難しい状況に悩まされている。そのため，通勤や事業活動，輸送などの生産性を著しく下落させ，経済活動そのものに大きなマイナスの影響を与えているであろう。

　こうした状況を打破するには，いかに渋滞を緩和できるのか，通信技術等を生かした渋滞の緩和が可能となる技術をいかに新興国に提供していくかということも自動車会社にとっての大切なミッションとなるかもしれない。

さらに、複写機業界も大きな市場環境の変化からそのミッションを大きく見直す必要がある業界である。複写機業界を取り巻く事業環境において、紙の意味合いは大きく変化している。つまり、情報伝達の重要なメディアに紙は位置づけられるも、新聞の発行量に見られるように紙への依存は減少している。刻々と変わる環境のなかで、タブレットやスマートフォンへの伝達により、リアルタイム性を重んじる情報伝達が増大している。以前のように大量コピーをして、大量に製本、配布する時代は終わってしまった。こうした環境下では、複写機産業は複写機を販売するのではなく、情報伝達の効率化をお手伝いする、顧客のワークフローの生産性を上げることなど、その事業におけるミッションが変わってくるはずである。

2 自社の強みを客観的に分析する

事業環境が大きく変化するなかで自社のミッションを大きく再定義する必要が出ているが、その際、自社の強みは何で、何処に軸足をおいて事業をするべきかが重要となる。

このように自社の強みを客観的に分析することが必要なのは、日本企業が過去から製品事業で成長してきたことにより、組織が次第に肥大化し、縦割りとなったため、自社の保有するリソースが製品事業部門内でしかわからなくなっているからである。そのため、自社の強みが製品事業のなかに隠れてしまっていることも多い。このような状況にあって、日本企業は自社の強みを本社主導において、製品事業横断で分析することが必要となっている。したがって、"事業を創る"プロセスにおいて、重要と考えられるのは、最初に自社の強みを客観的に把握することである。

現在、日本の製造業において、多くの製品事業が厳しい局面にたっている。なぜならば、家電製品や事務機製品などコモディティ化したことにより、過去の成功シナリオが通用しなくなっているからである。

こうした状況において、製品事業が保有するリソースを客観的に分析しなけ

れば，"事業を創る"ことによる成長を実現するために必要となるリソースを見出すことができない。

　しかしながら，現状，日本の製造業において起きていることは，事業が保有するリソースを事業とは分けてきたことにより，棚卸，評価する機能に乏しいため，成長が厳しい製品事業において，その製品事業が有する開発力，生産技術，販売力，サービス網，保守技術などが正当に評価されないまま，こうしたリソースが成長事業に振り向けられていないことが多く見受けられる。こうしたことは日本の製造業が持つ大きな問題点であり，成長機会をとらえられていない大きな原因となっている。そのため，日本の製造業の多くが新しく，"事業を創る"ことに挑むも，多くの企業ではリソース不足に常に悩まれている。

　こうした状況を打破していくためにも，自社の強みを客観的に分析していくことの必要性は増しており，技術リソース，マーケティング・販売リソース，保守リソースについて，客観的でありかつ，踏み込んだ強みの分析を進めることが必要となっている。

　最初に，技術リソースについては，保有特許等知財，開発人員，生産や加工技術，製品に付随している制御技術を分析することが必要となる。

　次にマーケティング・販売リソースについては，マーケティング・販売人員，販売チャネルについて分析することが必要となる。

　そして，最後に保守リソースについては，予兆保全等の技術と保守サービス網などにおける自社が保有する強みを理解することが必要となる。

　過去，製品事業が多くなる過程でこれらのリソースは製品事業部のなかに埋もれてしまい，把握が難しくなってしまった。したがって，製品事業の影に隠れているリソースを事業横断的に客観的に分析することにより，自社が保有している強みを顕在化させることに努めなければならない。

　こうして自社の持つリソースを分析していくことで，厳しい市場環境にあり，製品事業としては厳しくなっている場合でも，それらの事業が保有するリソースは，今後伸ばしていきたい事業領域において活用していけることも多いであろう。

3 自社分析の進め方

　自社の強みは何にあるのか，それを組織として理解するということが大事になる。自社分析の進め方は組織として自社にはどのような強みがあるかを分析することが大事である。つまり，製品事業に隠れている自社の強みについても製品事業内に埋もれさせず，全社の強みとして認識することが必要である。

　自社分析を進めて行くためには，経営企画，人事部門，R&D部門等の本社部門と各事業部門が"製品を造る"から"事業を創る"モデルに変革していくうえで，どのような人材リソースが必要であるのかを議論し，定義をすることが必要となる。そのうえで，各事業部門に"事業を創る"ために求められる人材がいるかを，社内にいるリソースと求められる人材像とのマッチングの議論を通じて把握していくことが必要となる。

　自社分析には，(1)技術リソースについての分析，(2)マーケティング・販売リソースについての分析，(3)保守サービスについての分析を行うことが必要となる。

(1) 技術リソースについての分析

　技術リソースについては，保有特許等知財，開発人員，生産や加工技術，製品に付随している制御技術等を理解することが必要となる。

　知財についての分析は知財部門が過去より行っており，一通りの分析は行われているということも多いかと思われる。しかしながら，単に自社の知財のポートフォリオを見ることのみならず，自社がどのような事業を伸ばそうとしていて，その事業領域にどのような技術が必要となり，自社の知財ポートフォリオはその伸ばしたい領域にどれだけ合致しているのかという視点で知財を見ることが求められる。なぜならば，より伸ばすべき領域に知財を固める必要があるからである。こうした自社の知財分析により，自社の強みを見出すとともに，強くしなければいけない知財領域を明確にし，自社の知財で足りない場合は外部から獲得すべき知財もこのなかで見出すことが必要となる。つまり，今

後どのような領域で"事業を創る"のか，そのためにどのような技術が必要であるかを明確にしたうえで，自社が保有している知財，技術のなかでそれらに合致するものがあるのか，何を補完すれば自社が保有しているリソースが強みとして生かされるのかという視点で分析を進めることが必要となる。

　さらに，開発人員については本社人事部門，事業部門が常に議論を深めることが必要となるだろう。こうした議論において，人事情報としてとらえるべきことは，過去その開発人員がどのようなプロジェクトに従事し，そこでどのような学びをし，何に意欲を持ち，どのようなキャリアパスを求めているのかであり，これらについても把握に努めることが必要となってきている。なぜならば，開発人員など技術人員は事業部門内に埋もれてしまうことが多く，その詳細な経験，保有技術などを把握することが難しいからである。したがって，技術人材のローテーションを行い，人員の可視化を行うとともに，常日頃から強化すべき事業領域に対してどのような人材が求められているかという理解と同時に，どのようにしたらそのような人材を獲得し，育てられるかという見地にたって，事業を支援しながら，現状事業が保有している人材の棚卸，人材の保有する経験，技術の把握を行うことが求められる。

　こうした技術人材の把握に努めている企業として，日立製作所があげられる。日立製作所の人事部門ではビジネスサポート機能を有しており，事業部門で保有している技術者のスキルについて，より詳細な把握に務めている。なぜならば，事業部門が抱えている技術人材の情報は事業部門のなかに閉じられがちであるからである。そのため，人事部門のビジネスサポート機能により，常に重点的に"事業を創る"ことを進めたい事業領域において必要となる人材リソースの要件を明確にし，それに該当する人材リソースがいないかという視点で各事業部門にいる人材リソースの棚卸をしている。

　また，生産や加工技術についても，コアとなる技術をできるだけ汎用化した状態でその強みを理解することが必要である。パナソニックはその保有する生産技術を，材料技術，成膜加工，成形技術，精密加工などに分類し，その生産技術の強みを客観的に評価，分類している。生産技術においても，製品事業に

従属した形で考えてしまうと，持っている生産技術も含め，外部に放出してしまいかねない。つまり，製品のライフサイクルと同時に生産技術についても成熟期，衰退期にあるととらえる誤りをおかしかねない。生産技術においても，保有するリソースを製品から分離して，客観的に評価することが重要である。

　さらに，製品に付随している制御技術は極めて表に出ない技術であろう。なぜならば，日本の製造業では特に機械系製造業を中心にハードウェアの技術者が主役になりがちである。しかしながら，これらのハードウェアの性能を発揮するために重要な技術となっているのが制御技術である。これらの技術者はハードウェア製品の影に隠れて，本社として把握することが難しい場合がある。そのため，本社が把握しようとヒアリングをかけても，こうした技術者が保有している技術の詳細は表に出てこないことが多い。そのため，こうした技術者の保有する経験と技術は把握することすら難しいことがある。

　例えば，日本企業においてもIoTを活用したサービス事業の強化を目指しており，制御技術者は全社規模で必要なリソースとなっていることが多い。なぜならば，製品とサービス，運用などを組み合わせ"事業を創る"ことを実現するためにもハードウェアを遠隔保守し，データ解析することにより，サービス事業に付加価値を付けるためにも制御技術者は大変重要な役割を持っている。つまり，ハードウェアとサービスを結び付けて行く機能を保有しているといえる。

　こうした技術者の保有技術を把握するのに必要なことはまず"事業を創る"観点から制御技術をいかに伸ばしていくかを考え，制御の基盤となる技術を作っていく横串の組織を作り，そこと製品事業の間でローテーションをしていきながら技術者が保有する技術を把握していく方法が考えられる。例えば，三菱重工業は，2014年1月にICTソリューション本部という組織を設立し，制御技術を生かし，各種ハードウェア事業を売り切りとせず，遠隔監視などICTを活用したサービス事業を強化しようとしている。三菱重工業のICTソリューション本部は，元々原子力とITS（Intelligent Transport Systems：高度道路交通システム）の制御技術者を集約することと社内ITの基盤を構築する部隊

が集結されて，構築されている。

　こうした製品を横断する事業部を集結することにより，自社の持つ制御技術者の技術と経験を把握すると同時に，製品事業部配下にいる制御技術者をローテーションすることによって，全社横断での共通した考え方を構築していくことを進めるきっかけがつかみやすくなる。

　日本の製造業において，製品はネットワークにつながり，ICTによる制御機能はより一層重要になっている。こうしたなか，制御技術者は事業部門においてより一層重要なリソースとなっており，事業部門からより囲われる傾向にあるため，本社もしくは他事業部門には見えていないことが多い。したがって，制御技術者などの人材リソースを可視化する仕組みをいかに構築するかも，自社分析の進め方としては非常に重要なものとなる。

(2) マーケティング・販売リソースについての分析

　マーケティング・販売人員に関する分析では販売人員が保有するスキル，顧客基盤について表層的ではなく深い理解を持つことが重要である。まず，第一に販売人員のスキルについては製品のカタログ販売なのか，エンジニアリングリソースも交え技術的なスペックインができるのか，政府関係などガバメントリレーションに優れているのかなど，その持つリソースによって，どのような事業領域が展開可能なのかの判断に大きくかかわってくる。

　また自社の販売人員がどのような顧客基盤を保有しているかも重要となる。どのような顧客に取引があるかは販売実績を見ればわかるが，さらに顧客内のどのようなところに接点があるかが大事である。経営層に入り込んでいるのか，それとも購買窓口なのか，情報システム部なのか，人脈図のような形でその関係性の深さを把握するのである。特に人脈については販売人員個人のものとなりがちであり，こうした人脈については，常日頃から組織の人脈として共有を進めることが求められる。つまり，組織による人脈の共有を進めることにより，自社の顧客基盤の強さの源泉となり得る。例えば，顧客の経営陣に強いコネクションを保有しているとか，地方政府などガバメントリレーションが強いとい

うことであれば，単にハードウェアを販売するのではなく，業務プロセス改革や政府のインフラ計画に対する提言など過去と違ったミッションと事業領域を生み出すための強い基盤となり得る。

　また，販売チャネル分析については，自社がどのようなチャネルを有しているのかを見ることが必要である。例えば，販売チャネルが保有している顧客基盤と成長性（ポテンシャル），自社との取引状況などから自社が保有するポテンシャルが高いチャネルを把握する。

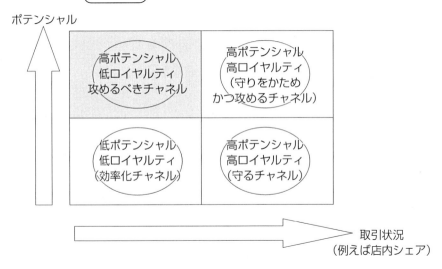

図表2-1　販売チャネルのセグメンテーション分析

　例えば，自社との関係性が強く，ポテンシャルが高いチャネルであればいかにそのようなチャネルを生かした新たな"事業を創る"ことが可能となるかを議論することができる。こうした販売チャネル分析については，"事業を創る"ため，求められる販売チャネルの要素を明確にし，それに合致したチャネルがないかを自社の各事業でのチャネルを分析することで明確にすることが求められる。つまり，各製品事業において，抱えているチャネルをその製品事業内だ

けにとどめず，"事業を創る"ことにおいて，活用していくことが必要となる。

(3) 保守サービスについての分析

　保守基盤は自社の事業をよりサービス型の事業に転換していくうえでは大変重要なる基盤となる。保守の強みは①保守人員の拠点網（保守ネットワーク），②保守が持つ監視技術などモニタリング技術，③モニタリングから人員を派遣し最短で保守を実施する技術等がある。

　①については拠点網の多さを見れば一目瞭然である。また，それぞれの拠点にいる保守人員の保有資格，技術スキルなども分析することで，保有する人員の数と質，分布を把握し，その強さを理解することができる。

　②の保守が持つ監視技術などモニタリング技術はIoTを活用し，機械にセンサーをつけて，監視を行い，稼働状況を監視しながら部品の摩耗状態，故障の予兆を察知し，機械を壊さずに予兆保全する技術である。

　例えば複写機メーカーではこのような予兆保全技術が進んでおり，監視センターで機器の監視を行い，遠隔診断しながら顧客からのサービスコールをなくそうとしている。つまり最大の満足として顧客にサービスコールをさせないことをモットーに常にセンサーで監視をし，消耗品切れの防止（消耗品自動発送），消耗部品の事前交換，エラー情報からの故障予知によるPM（事前保守）の徹底をしている。

　また，サービス人員のスキル，位置情報と発生しているサービスコールを分析し，求められるサービス要件に合致したスキルを保有し，最も近くにいるサービス人員を派遣（ディスパッチ）するなどの仕組みも，短期間では構築できない。

　こうした強みは事業展開のうえでは非常に重要なるインフラとなり得る。なぜならば，保守事業に入りたくても，保守基盤を構築できない企業に保守そのものを外販することも考えられるからである。

　このように，保守網は"事業を創る"ために，常に大きな差別化要素となる。つまり，自社が保有する保守網は"事業を創る"ため求められるIoTによる保

守事業を行ううえでは非常に重要な強みである。そのような観点にのっとり，サービス人員が持つ技術スキル，保守拠点数，保守におけるIT基盤，ディスパッチ力（サービス人員を迅速に正確に派遣する力），遠隔監視技術などその強みを分解して，強みを把握することが必要となる。

4 リソースの最大活用に向けて

リソースの最大活用を実現するためには，(1)"事業を創る"ために必要となるリソースの定義，(2)保有するリソースと事業機会で必要となるリソースのマッチングが必要となる。

(1) "事業を創る"ために必要となるリソースの定義

自社でどのような事業を開発するのか，そのうえでどのような技術とリソースが必要になるのかを棚卸しておくことが求められる。

つまり，"事業を創る"領域において，どのような提供価値を顧客に訴求し，何で差別化するかといったビジネスモデルを明確に描き出し，それを実現するためにどのようなリソースが必要なのかを明確にすることが必要となる。

自社の強みを分析するうえで重要になるのが，必要となるリソースの棚卸をしておくことである。必要となる技術にはどのようなものが求められるか，どのような販売リソース，販売チャネルが求められているか，保守・サービス網において求められるものにはどのようなものがあるかを明確に定めておくことが必要となる。なぜならば，自社が"事業を創る"ためにどのようなリソースが求められており，それに必要なリソースは自社内にいるのか常に必要なリソースの基準を明確にすることにより，社内リソースの探索を行うことが必要だからである。

(2) **保有するリソースと事業機会で必要となるリソースのマッチング**

自社がどのように"事業を創る"のか，求めるビジネスモデルとそこで必要

となるリソースと自社が保有する技術，販売，サービス等のリソースのマッチングを行っていかなければならない。

こうしたマッチングは，撤退を検討している事業については，特に精緻に行われる必要がある。三菱電機では，伸ばしていきたいカーナビゲーションの事業において求められる技術などのリソースの要件の棚卸をし，撤退する携帯電話事業において，必要となるリソースがいないかマッチングを行った。その結果，表示技術，通信技術などカーナビゲーション事業に求められる技術を獲得することが可能となり，カーナビゲーション事業に充当した。

また，既存事業の持つリソースの強みを精緻に分析することで，新規事業に必要なリソースの充当を行った事例もある。例えば，リコーは，同社が保有する遠隔保守の技術，保守サービス網を生かし，"事業を創っている"。こうして獲得した保守リソースで，太陽光パネルの遠隔監視と保守事業に参入し，環境経営を実践してきたリコーらしく，"事業を創っている"。

こうしたプロセスは自社の経営企画が核となり，研究開発部門，人事部門など本社部門が一体となり，事業が保有する技術，販売，サービス等におけるリソースの棚卸をしなければならない。こうしたプロセスは決してプロセスとして属人化させず，本社として社のプロセスとしておくことが求められる。

某大手電機メーカーにおいては，事業の撤退を多数行ったが，こうしたプロセスにおいて成長させていくことを決定しているセグメントでの"事業を創る"ために求められる人材，技術を明確にし，撤退対象事業でのリソースの棚卸を行った。こうしたプロセスは標準化されており，開発人材，生産技術などの技術を評価する人材が撤退する可能性がある事業が発生した時点で瞬時に組織化され，技術や人材リソースの評価を行っている。こうしたプロセスが標準化されていたことが，同社が多くの事業から早く撤退できたこと，さらにそうした撤退事業から同社が伸ばしていくべき事業において必要となる人材を外部流出させることなく，成長領域で"事業を創る"ことに生かしていくことに繋がっている。

"事業を創る"ため，今後自社はどのような事業ミッションを実現していく

べきかを明確に定義することとともに，自社のリソースをどれだけ精緻に棚卸し，自社の強みを客観的に分析するかがいかなるミッションと事業戦略を掲げたとしても重要になる。なぜ，自社が新しい事業領域，ミッションを遂行するのか，は自社の強みに立脚したものでないと社内としての意思統一も難しいし，他社と提携をしていくうえでも他社にとってのメリットを十分に与えることができない。

　"事業を創る"うえで，ミッションの再定義と自社の強みの理解は根幹となるプロセスであり，事業に閉じた形ではなく，本社が旗振りをし，事業構造のトランスフォーメーション（事業構造転換）を推進するという位置づけで進めていかなければならないだろう。

3 顧客の変化を洞察する

1 顧客理解における現状の問題

　日本の製造業が抱えている顧客理解における問題点として，顧客に対して様々な接点が存在しているが，顧客に対する理解は販売，技術，サービスなどの各部門で分断されていることが多いため，顧客に対する理解が深まらないことがある。つまり，各接点で顧客から獲得している情報が接点単位での理解に留まってしまい，それらを統合する形で顧客理解を深めることにまで至っていないことが多い。その結果，組織内部にある顧客に対する理解が深まらず，顧客が本当に困っていることを明確にし，さらには顧客が気づいていない顧客の潜在的悩みを顕在化することができない。

　さらに，現在の日本の製造業においては，組織が肥大化しており，組織の間の壁が存在していることから，顧客に関する情報を共有することができていないことさえある。ましてや，こうした顧客から獲得した情報から，顧客が抱えている悩みや課題に対する仮説を構築し，組織横断的に検証するなどといったことを行うことが，できていないことが多い。こうしたことから，顧客から獲得した情報は直接的要望に対する対応で終わり，その後の深い理解につながっていないことが多くなる。

　顧客に関する理解は，顧客から直接獲得した情報だけではなく，顧客がおかれている環境から顧客が抱えている悩みや課題に対する理解を深めることが必要であるが，こうした理解の深化を進めるまでにはなかなか至らないことが多い。

2 顧客理解を深めるために

　顧客に対する理解を深める方向性として，現状の顧客であれば顧客に対する接点を統合し，VOC（Voice of Customer：顧客からの声）を一元化することで，顧客理解を深めることが必要となる。さらに顧客のハードウェアから獲得できるデータから顧客の運用における課題を把握し，さらなる顧客理解を深めることができる。例えば，工作機械などの生産財や建設機械，オフィス機器などであれば顧客に設置してあるハードウェアから発するデータを収集し，分析することにより，顧客のハードウェアの使用状況，よく使用する機能，稼働時間，設置環境などを分析することができる。こうしたデータを分析することで，顧客のハードウェアの運用状況，故障などの発生状況を知ることができる。例えば，顧客は，ハードウェアを使い，どのような作業をしているのか，その生産性はどのように推移しているか，生産上のボトルネックはないのか，といった情報をハードウェアの稼働情報から集めることは，工作機械などの生産財や建設機械，オフィス機器などで可能である。

　さらに，こうしたハードウェアの稼働情報を蓄積していくことで，故障に関する予兆を行うことができる。このように，顧客が使用している機械から得られたデータを洞察することにより，似たような兆候が起きれば故障を未然に防ぐことも可能となる。

　こうした顧客の情報を組織横断的に集め，分析を行うことで，顧客の洞察を行うことは，"事業を創る"ために，とても重要なるプロセスである。まず，自社が現在展開している事業において，様々な部門が保有する顧客に関する情報やハードウェアから獲得する情報を横断的に分析することで，顧客に対する理解を深めることから始めていくことが必要である。

　なぜならば，現状の事業で保有している顧客との複数の顧客接点から多くの顧客情報が取れているが，その多くは十分に活用されていない可能性があるからである。

　例えばコールセンターで受ける顧客からのクレームや要望，営業人員が顧客

とコンタクトすることにより，獲得できる顧客情報はその保有形態がばらばらであるため，情報としては保有しているが，これらの情報を組み合わせることで，顧客理解を深めるに至っていない。つまり，営業やサービスなど，それぞれが製品やサービスに対する要望やクレームなど獲得した顧客の情報をもとに，一次的対応は行われるが，それらの情報を組み合わせることで顧客を洞察するには至っていない。このような状況を脱し，顧客理解を深めていくためには，顧客が抱えている問題について，仮説構築と検証を行わなければならない。なぜならば，顧客理解は仮説をもとにした分析の視点がなければ，どれだけ情報入手の方法が多くても，それらの情報を組み合わせてさらに深みのある顧客情報の分析を行うことは難しいからである。

つまり，企業が顧客の変化に対応していくためには，経営者，品質管理，開発，生産，マーケティング・販売などが横断的に顧客に起きている変化や顧客ニーズの変化を共有し，さらに議論をすることで顧客の悩みについての仮説を構築していくことが必要となる。さらに，ここで議論された顧客の動向に基づき，顧客に起きている変化の仮説，検証したいことが明らかになれば，コールセンター，営業，サービスマンなど様々な顧客接点を活用した検証方法が議論され，顧客の変化を検証することが可能となる。このようにとらえた顧客の変化について常日頃から組織横断的に仮説と検証方法を議論する習慣を組織に植え付けていくことにより，初めて顧客洞察が可能となる。

つまり，顧客との接点が多い組織であってもそれが個人のもと，特定部門のところにとどまってしまうことが多いが，こうした情報は組織横断的に共有し，さらに，顧客が抱える悩みについての仮説と検証のアクションを生み続けることを習慣化していくことが大事となる。

3 顧客理解を深めた先行事例

先行事例としては富士ゼロックスのお客様価値創造センター，日東電工の三新活動について述べたい。

(1) 富士ゼロックス

　富士ゼロックスは，2012年に創立50周年を迎え，次の50年に向けた新しい研究開発拠点として，2010年3月に横浜みなとみらい地区に富士ゼロックスR&Dスクエアを開設した。富士ゼロックスR&Dスクエアは，国際都市・横浜という利点を活かして都市のダイナミズム（あつまる，ぶつかる，うまれる）とグローバルなネットワークを形成し「徹底した顧客視点での新しい顧客価値の創造」の実現を目指している。そして，顧客やパートナーとの質の高い「共創」を可能にし，顧客の現場の課題をタイムリーに察知するとともに，顧客に提供する価値を自ら実践し向上させる新たな仕組みとして「お客様共創ラボラトリー」を開設した。こちらにおいて，富士ゼロックスが社内や顧客の経営課題解決のために取り組んだ最新の実践事例と関連技術を顧客に紹介し，顧客・パートナー・大学・研究機関の方々と議論しながら，潜在するニーズや将来の課題を明らかにしている。さらに，顧客やパートナー，外部研究機関と合意のもと，コラボレーションによるR&D活動を展開し，新しい価値を創造し，顧客に提案活動を実施している。

　お客様共創ラボラトリーは，顧客の経営課題解決や技術者の現場力向上のために富士ゼロックスの実践事例と関連技術を紹介し，ディスカッションする場の「オープンラボラトリー」と，そこから得られた新たな価値創造の種をパートナーや顧客と共に新たな価値創造の芽に仕立てて検証する場の「セキュアラボラトリー」で構成されている。

　円滑な企業活動には，効果的なドキュメントの活用と適切なコミュニケーションが大きな役割を果たしている。お客様共創ラボラトリーでは，富士ゼロックスが研究開発を進める「ドキュメントサービスとコミュニケーション」に企業活動を重ね合わせ，①業務フロー・ワークフローの視点，②オフィス生産性・ワークスタイルの視点，③統合サポート・マーケティングの視点の3つの視点から顧客の経営課題にアプローチし，新たな価値提供を目指している。

　こうした価値提供を行うため，富士ゼロックスは研究開発者自らが取り組ん

できた取り組み事例を示すことで，顧客との悩みの共感を通じ，顧客が持っている潜在的課題をあぶり出すことに努めている。これを実現するため，当社は研究開発部門の人材が顧客と研究テーマを共有し，顧客ニーズを理解することが研究開発テーマを遂行するうえでは必須となるプロセスであることを研究開発者に理解させ，意識を改革させることを目指している。

富士ゼロックスの事例からの示唆は，顧客の潜在的悩みを，自らの取り組みを提示することによりあぶり出し，明確にすることにある。さらに，富士ゼロックスは，顧客とともに悩みを解決するための課題を明確にし，その解決方法を顧客とともに考えることで価値を創出するプロセスを組織的に構築している。この過程において，顧客を担当する営業とさらに研究開発部門が共に顧客に自らの実践事例を提示することにより，顧客の潜在的課題をあぶり出し，その課題に対する解決方法を顧客とともに考え，創出する活動を，営業，研究開発が組織横断的に行っている。こうした活動を行うことにより，組織的に顧客に対する洞察を高め，顧客理解を深めている。

(2) 日東電工の三新活動

日東電工は三新活動において，顧客に密着し，顧客のニーズを深く洞察しながら，いかに顧客の役に立てるかという視点で製品を開発し，新しい用途を開発している。三新活動とは，「新製品の開発」「新用途の開拓」「新需要の創造」の3つの「新」から作られた開発活動である。

日東電工がこのような"事業を創る"アプローチをとるのは，市場も技術も新しい領域で新しい事業を生み出すことが，とてもハードルが高いと認識しているからである。そこで，まず同じ技術をベースに新しい用途を開発するか，新しい技術をベースに新しい製品を開発するか，既存の市場に新しい技術を投入し，新製品を開発することにより，新事業を創造している。

日東電工が非常に優れているのはこの既存の技術から新しい用途を生み出していく考え方であり，深い顧客洞察をもとに新しい用途を顧客に提案している。

こうした三新活動は新しい需要，新しい市場を生み出している。例えば，日

日東電工は，グローバルニッチトップ戦略を推進し，変化する市場において，差別化技術において，市場でのポジションを確立している。ここでいう日東電工が掲げるグローバルニッチトップ戦略の「ニッチ」の意味は，①変化している市場に入っていくこと，②日東電工が差別化技術をもって，優位性を発揮できることと定義されている。さらに，日東電工は，変化している市場に日東電工が差別化技術を発揮できる製品をニッチ製品と呼んでいる。つまり，一般的にニッチという言葉が意味する「すき間」という意味合いと異なる意味合いを持たせており，日東電工が展開する三新活動での戦略遂行を具体化したものとして，ニッチ製品を位置づけている。

また，日東電工は，着実にニッチ製品を開発するため，その製品が持つ優位性を顧客と接触しながら判断している。例えば経皮吸収型テープ剤という製品は，粘着剤の中に薬を入れられないかという顧客の要望から生まれたものである。このように変化する顧客の要望に対して真摯に接しながら自社が持つ差別化技術で，その要望に対応している。つまり，差別化は技術の新規性からだけではなく，顧客が困っていることに対して，その悩みの本質を理解し，真摯に

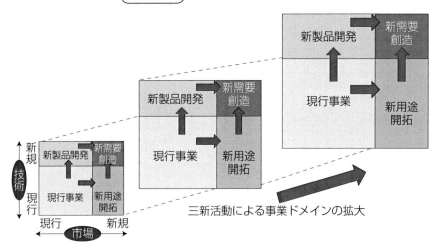

図表2-2　三新活動による事業展開

三新活動による事業ドメインの拡大

対応を積み重ねていることから実現されている。

このように，日東電工は顧客を知り，業界を知り，同じ知識レベル，同じ視点で考えられるパートナー的立場に自分たちを高めることにより，顧客の信頼を獲得して顧客が真っ先に相談したいと思われる会社になることに努めている。そのため，営業部門も製品軸ではなく市場軸で事業を見ていくという体制となっている。したがって，日東電工ではすべての日東電工社員はマーケッターであるという意識を持っており，営業，開発，生産部門が連携を取り，顧客の求めていることを正確に理解し，認識し，顧客の課題解決にスピーディーに応え，顧客への提案を行っている。

こうした三新活動による深い顧客洞察は様々な新規事業を生み出し，大きな成果をあげている。その結果，日東電工の売上は上市後3年以内の新製品で40％構築され，三新活動の有効性を証明している。つまり，日東電工が実現してきた多角化は，企画主体に実施された訳ではなく，顧客ニーズと社内の仮説

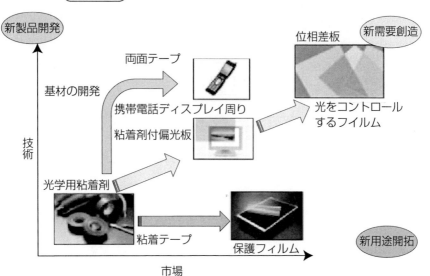

図表2-3　日東電工の三新活動による事業ドメイン拡大

をベースに，基幹技術ベースに実施されたものといえる。日東電工はこうした新規事業構築の仕方を「周辺的多角化」と呼んでいる。実際，粘着テープから始まった事業が，会社の業績を支える保護フィルム，偏光板等へと繋がっている。これは顧客を深く洞察することにより，粘着テープの技術から新しい用途を生み出しているからにほかならない。

4 顧客理解から"事業を創る"への示唆

"事業を創る"ために必要となる顧客理解への示唆として，(1)コンタクトポイントを統合した顧客理解の深化，(2)ハードウェア稼働情報の分析によるオペレーション品質の向上，(3)顧客とともに行う価値共創プロセスによる顧客理解の深化，(4)"事業を創る"人材の計画的育成，(5)顧客軸での目標値の設定とPDCAの実践がある。

(1) コンタクトポイントを統合した顧客理解の深化

顧客に対するコンタクトポイントは多数にまたがっているため，顧客からの声がばらばらに理解され，統合された顧客理解が進まないことがある。なぜならば，サービス，営業，開発などでばらばらに保有している顧客情報は一本化されず，顧客理解が深まらないことがあるからである。つまり，顧客理解を深めるためには，経営，マーケティング，開発，サービスなどが横断的に顧客より獲得した情報を共有し，顧客で発生している市場環境の変化について組織横断的に共通した理解を醸成するとともに，さらに顧客ニーズの変化について，仮説構築をし，顧客理解を深めるために検証するべき項目を明確にすることが求められる。

(2) ハードウェア稼働情報の分析によるオペレーション品質の向上

顧客に関する理解を深めるために必要となるのは顧客に設置してある機械の稼働情報を分析することである。できれば自社が設置した機械のみならず，他

社が設置しているものも稼働情報を解析しながら，予兆管理を行い，生産性改善の提案を行い続けることができれば，顧客の業務をより広い範囲で把握することができる。例えばアメリカのゼロックスコーポレーションはXOS (XEROX OFFICE SERVICE) というサービス事業において，複写機の資産管理，ドキュメントサービスを提供しているが，自社の機器のみならず，HPのプリンタ等他社機も含めたサービスを展開している。また，GEは航空機などを遠隔でモニタリングすることにより，顧客の生産性を高める提案を徹底的に行っている。

このように，ハードウェアに対する予兆保全を提供するには，内部にあるエンジニアなどが保有する知見を形式知化し，情報システムに実装することで，製品に設置されたセンサーから出てくる情報に対して意味づけを行わせることが必要である。例えば予兆A，B，Cが発生すると故障Dはある程度の確からしさで発生することなどは，経験が豊かなカスタマーエンジニアの頭のなかにて理解されているが，それはエンジニア個人の暗黙知に留まり，形式知化されていないことがある。こうした知識をいかに形式知化し，システムに知見として蓄積し，センサーから獲得できる情報に意味を持たせられるかは，ハードウェアの稼働情報分析を行うことにより，顧客の運用改善を行ううえでは非常に重要なポイントとなる。

さらに，データサイエンティストなど分析の専門家を設置することも，顧客の運用に対してさらに深く入り込むことができる。例えば日立製作所では，データマイスターという人材を育成している。これは顧客から獲得されるハードウェアの稼働情報のみならず，相場，天候データ，市況データなど様々な情報を組み合わせることで，より顧客の運用品質を高めて行くことを目指している。

(3) 顧客とともに行う価値共創プロセスによる顧客理解の深化

顧客のニーズは複雑化しており，"事業を創る"ために顧客のニーズを正確に把握することはますます難しさを増している。さらに，顧客のニーズは刻一

刻と変化するため，正確に顧客ニーズの把握をすることは益々難しくなっている。

そのため，顧客とともに価値創出することが最も迅速かつリアルタイムに顧客の理解を進めるうえで有効である。それを実現するには，顧客の悩み，課題に対する仮説構築と検証を行うとともに，顧客のもとで顧客とともに問題解決を行いながら"事業を創る"方法が必要となる。例えば，富士ゼロックスはお客様価値創造センターで富士ゼロックスが内部で行っている実証実験の提示により，顧客の潜在的な悩み，課題を抽出し，顧客とともに価値創造することにより，顧客とともに"事業を創っている"。

顧客の困りごとは常に移り変わっており，顧客自身がその困りごとが整理されていないことも多い。そのためには，常に顧客が何で困っているのかについての洞察力を高め，その困りごとについての仮説と解決方法についての仮説をもとに顧客に実証実験等を提案し，共同で走りながら課題を解決していくことで，"事業を創る"ために，最も重要である顧客課題への理解を高めて行くことが必要になっている。

このように日本企業が"事業を創る"ためには，顧客の洞察を深め，顧客理解を深めることにより，顧客の悩みを理解し，その課題を理解することにより，"事業を創る"礎となる顧客理解を醸成していくことを進めなければならない。

(4) "事業を創る"人材の計画的育成

(1)から(3)を進めて行くために必要なのは，部門をまたがり，顧客軸で考え，顧客への提供価値を創出していける人材である。しかしながら，日本企業では，製品事業部門別に顧客接点が分かれていることが多いため，製品軸で解決できる範囲で顧客の悩みをとらえることが多い。こうしたことから，本質的な顧客の悩みを理解することには至らず，自らが担当する製品領域に関連する問題や悩みのみがとらえられることが多い。

また，営業やマーケティングのみならず，サービス，コールセンターなども其々の機能を遂行はするも，顧客起点で各顧客接点から集まる情報から顧客の

本質的悩みを理解し，どのような顧客への提供価値を実現すべきかという発想に至らないことが多い。

　こうした問題点を解決するためには，顧客起点で，顧客価値を創造する人材が求められる。なぜならば，単に横串組織機能を作っても，顧客接点を持っている事業部門からの協力を十分に得ることができないため，現状の顧客接点活動との距離が縮まらないことが多いからである。こうした状況を打破するためには，各製品担当の営業等で顧客の上層部に食い込み，顧客の悩みに対する理解を進めることができる人材を常に抽出し，製品の幅に限定されない顧客軸でのマーケティング機能を担わせるなど，計画的に人材を抽出して，役割と権限の付与を進めることが求められる。

　しかしながら，このような優秀な人材は製品事業部門に囲われてしまい，部門を横断するような機能を担わせることが難しいことも多い。そのため，アカウントマネジメントのような顧客軸での活動は人材育成の観点から，"目指すべき人材像"として明確に打ち出すとともに，こうした役割を担える可能性が高い優秀な人材を常に抽出し，製品事業をまたがり，各種顧客接点との機能を束ねながら顧客への価値を創出するための役割と権限を付与していくことが必要となる。

(5) 顧客軸での目標値の設定とPDCAの実践

　(4)で述べたように"事業を創る"ことができる人材の計画的育成を進めることと同時に，こうした人材を有機的に機能させるためには，目標値の設定とPDCAの回し方も変えて行くことが求められる。つまり，顧客起点での提供価値の創造を進めるためには，製品別売上のみならず，顧客軸での目標値の設定や，顧客理解の深さを指標化するなどを進めることにより，組織横断的な活動を推進することが求められる。例えば，事務機メーカーのA社は複数製品事業部を束ね顧客軸で"事業を創る"ために，重点顧客に関してアカウントプランを年度ごとに作成している。このなかには，顧客の業界動向，顧客が抱えている課題，それらを解決するため考えられるソリューション，そのソリューショ

ンを実現するため必要となる外部アライアンスなどが記述されている。

　こうして作られたアカウントプランをもとにA社では半年に一度，マーケティング部門，サービス部門，担当のアカウントマネージーが集まり，顧客の人脈図に基づく顧客理解の進捗状況，重点的に対応する顧客の課題とソリューションの進捗状況を確認している。このようにA社は単に製品の売上のみで評価するのではなく，顧客理解がどれだけ進化しているかを評価し，さらなる理解を深めるためのPDCAを組織活動として進めている。

　日本企業がさらなる成長を実現するためには，製品軸に留まらず，顧客軸での活動により，顧客理解を深め，顧客の悩みを解決する提供価値を実現することが必要である。

4 何で稼ぐか，を描き出す

1 ビジネスモデル構築の必要性

　"事業を創る"ためには，①自社の事業ミッションの定義と自社の強み分析，②メガトレンドの策定，③顧客の洞察と理解，④戦略策定とビジネスモデルの明確化が必要となる。前節までで，③の顧客洞察と理解までを述べてきた。"事業を創る"ためには，戦略策定を行うとともに策定した戦略に対して，ビジネスモデルを明確に描き出すことが必要となる。

　つまり，事業環境の変化のなかで，自社のミッションを再定義し，顧客に対する深い洞察から自社がどのような提供価値を実現し，競合に対していかに差別化するかといった戦略の策定をしなければならない。ビジネスモデルとは，戦略を実現するために顧客に提供する提供価値の明確化と提供価値実現のために必要となる経営資源をいかに集めるか，足りないリソースがあればどのように調達するか，さらに何を収益のコアエンジンとするかを明確に定めることとする。さらには，ビジネスモデル策定の過程において，コアとなる提供価値の要素を外部から獲得しなければならないかもしれない。

　こうした事業内容のプレイヤー構成が多数にわたる"事業を創る"活動においては，狙う顧客の悩み，課題は何で，それに対してどのような提供価値を提案するのか，またそれを実現するためにどのよう製品，ソフト，コンテンツ，エンジニアリングなどが必要となり，それらをどのように組み合わせるのか，を明確に描き出すことが必要となる。さらに提供価値を実現するために必要となる自社の経営資源，他社から獲得が必要となるリソースを明確にするとともに，収益をどのように獲得するのかを明確にすることが大事になる。

2 ビジネスモデル構築の進め方

　ビジネスモデル構築のためには，(1)ターゲット顧客を明確にする，(2)提供価値を明確にする，(3)収益エンジンを明確化する，(4)提供価値実現のために必要となる経営資源を明らかにすることが求められる。

(1) ターゲット顧客を明確にする

　ビジネスモデル構築において，重要となるのは誰がターゲット顧客であるかを明確にすることである。例えば，B2Bであればそれは，特定の業種，企業規模，もしくは特定業務かもしれない。つまり，何がターゲット顧客であるか，それを明確にしなければならない。

　オフィスを対象に事業を展開していた事務機業界であれば，大企業に対しては直接販売，中小企業に対しては代理店販売など企業規模に応じたチャネルの選定は行ってきたが，それ以上に細かくターゲット顧客像を明確に描き出す必要はなかった。しかしながら"事業を創る"には，顧客は誰かを定めることが重要となる。なぜならば，顧客が明確になっていない事業は顧客の悩みごとへの把握があいまいとなり，提供価値も明確にならないことが多いからである。そのため，狙いとする業種，顧客内で対象とする業務まで，狙いとする顧客を明確にしなければならない。

　つまり，"事業を創る"ことを成功させるためには誰が顧客であるのか，顧客の悩みを明確に把握できる範囲まで顧客ターゲットを明確にすることが求められるであろう。

(2) 提供価値を明確にする

　ターゲット顧客が明確になると，それらの顧客にとって重要なる提供価値は何であるかが重要となる。つまり，ターゲット顧客は一体どのような悩みを保有しているのか，仮説構築から行い，それを検証していく形で提供価値を明確にしていく必要がある。その際，自社の製品だけではその提供価値は充足でき

ないことが多く，その他のソフトウェア，サービスと組み合わせることにより，顧客への提供価値を構成することになる．

　しかしながら，提供価値を構築する段階において，これらの外部資源も組み合わせ，事業として提供することの必然性に疑問がもたれることも多い．なぜならば，自社の製品が提供価値のなかで重要なポジションを占める場合がすべてではないからである．この場合，あくまでも自社の製品を中心に位置づけて事業を考えるのか，それとも顧客の悩みごとを中心に考え，ソフトウェアやサービスとの組み合わせのなかで，自社の製品をその一構成要素として考えながら全体のビジネスモデルを創るかについては明確に方向性を決めなければならない．なぜならば，"事業を創る"ためには，自社の製品は提供価値の中心にならない場合もあるからである．顧客の悩みをいかに解決するかが非常に重要になるからである

　日本の製造業にとって，自社の強みはものづくりにあり，サービスをコアにシフトすることに対しては抵抗感が強い．しかしながら，大事なのはこうした顧客の悩みに切り込み提供価値を実現することにより，顧客理解は深まるということである．そのうえで，自社のハードウェアの強みに立脚しつつも，顧客に対してどのような提供価値を実現するのかを明確に定めることが求められる．

(3) 収益エンジンを明確にする

　提供価値を明確にしたうえで，何で収益をあげるのかを明確にしなければならない．例えば，ハードウェアを活用した保守契約で稼ぐのか，ソフトウェアで稼ぐのか，エンジニアリングサービスで収益を得るのか，アウトソース事業で収益を得るのか，何で収益を獲得するのかを明確にすることが必要となる．

　例えば，GEは航空機エンジンの事業において，単に航空機エンジンを販売するのみならず，その遠隔モニタリングにより，その航空機を使用する航空会社に対して，最も燃費が良い形での運航へのアドバイス，遠隔監視による着陸後の即時保守による効率運航を可能としている．つまり，GEはエンジンというハードウェアのみを提供しているのではなく，ボーイングなどの航空機メー

カーに対して，コア部品であるエンジンの遠隔保守による効率的運航，低燃費運航という持続的サービスを実現し，顧客を囲い込むことにより，着実に収益を獲得している。

(4) 提供価値実現のために必要となる経営資源を明らかにする

　提供価値を実現するために自社の経営資源のみでそれらを構成することは難しいと思われる。おそらく，多くのものを外部から調達することにより，提供価値の実現をしなければならない。そのためにはコアとなる提供価値を明確にしたうえで，それは誰により，提供されるのかを明確にすることが必要となる。その際，自社のリソースの棚卸をしていくことが求められる。つまり，自社が保有する技術シーズ，開発力，生産技術力，エンジニアリング力，サービスサポート力，販売チャネルなど自社の強みの棚卸をしっかりとしておくことが必要となる。しかしながら，多くの企業は自社の強みを理解しきれていない。そのため，必要となる資源をすぐに外部から調達となり，顧客への提供価値における外部からの調達比率が増え，自社がその事業を引っ張っていく必然性に乏しくなり，事業そのものを引っ張っていけなくなってしまうことも多い。

　つまり，大事なのは提供価値実現のための資源をそろえ，外部からの構成要素は増えたとしても，それらのリソースを束ね事業として構成していくことである。そのうえで，提供価値の重要なる要素で内部に保有しておく必要があるものは外部からの獲得も検討する必要があるだろう。

3 先行事例からの考察

　ビジネスモデル構築においての先行事例には，ゼロックスコーポレーションによるサービス事業成長戦略，コマツによるKOMTRAX（コムトラックス）による顧客視点でのROI（投資対効果）明確化がある。

(1) ゼロックスコーポレーション

　ゼロックスコーポレーションは複写機を中心にドキュメントソリューション事業の最大手企業である。同社は大手を中心として複写機をレンタルで販売してきた。しかしながら，企業内でのネットワーク網の普及とともに，企業内の印刷環境は大きく変化した。複写機は複写をするものから企業内でのプリントを行うものへと変化した。こうした環境下において，ゼロックスコーポレーションは，企業内での複写サービスといったアウトソースサービスへと事業形態を進化させていった。複写機というハードウェアを発明したパイオニアであるゼロックスコーポレーションであるが，複写機そのものでは日本メーカーの追い上げからシェア争いが激しくなり，事業環境は厳しくなっていた。

　そこでゼロックスコーポレーションはビジネス・プロセス・アウトソース・サービスを提供する形に事業形態を進化させていった。具体的には，企業内の複写サービスにより，複写機のオペレーション業務，複写機管理サービスを提供した。これをXEROX OFFICE SERVICEというブランドで提供していった。さらにゼロックスコーポレーションはその提供価値を進化させるため，狙いとする業種を明確に定めていった。例えばモーゲージローンプロセスや新薬申請業務，ヘルスケア産業の診療報酬の請求業務などである。つまり，ゼロックスコーポレーションは複写機に関連する複写サービスや複写機の管理から，ドキュメントの本質であるナレッジ，業務プロセスに着目した。なぜならば，顧客にとって大事なのは紙を打ち出すことではなく，重要なる業務でナレッジを共有し，効率的に業務プロセスを進めることだからである。そこに着目し，ミッションクリティカルでかつ，業務負荷が高い業務を抽出し，そうした業務に関する知見を深めていった。そうした結果，ゼロックスコーポレーションは提供価値を構築する力を高めるだけではなく，狙いとする業務に対して知見が高い企業とのアライアンスを進めていった。

　例えば，訴訟プロセスでの支援を行うe-discoveryプロセスの会社であるAMIC社を2006年に買収，さらにモーゲージローンプロセスに強いAdvetics,

Inc.を2007年に買収した。こうしたゼロックスコーポレーションの戦略をさらに大きく加速させたのが，2010年に行ったACSの買収である。なぜならば，ACSの買収は獲得金額も当時で64億ドルと膨大なる金額であったが，この買収により，ゼロックスコーポレーションは医療関係，官公庁へのBPO事業を獲得し，サービスカンパニーと大きくその姿を変えているからである。

その後，ゼロックスコーポレーションは，複写機を販売する事業から，顧客のナレッジ，ワークフローに特化し，ヘルスケアなど業種業務に深く突き刺さったBPO，ITOを展開し，事業を成長させている。このように，ゼロックスコーポレーションはその後，同社のサービス事業をACSの部隊を中心に構成することで，提供価値の中心となるBPR力が強いACSのリソースをうまく生かし，同社の顧客基盤を組み合わせることでビジネスモデルを大きく転換している。

ACS買収前のゼロックスコーポレーションのビジネスモデルは複写機を販売し，最適配置も含め運用サービスを行うことが提供価値の中心であった。しかしながら，ACSを買収した後，伸長しているサービス事業により，同社の提供価値は顧客のビジネスプロセスを最適化させることで，効率化，さらなるセキュリティレベルの向上を実現することとなった。

2016年2月，ゼロックスコーポレーションはビジネス・プロセス・アウトソーシングを進める企業と複写機などハードウェア事業を行うドキュメントテクノロジ企業の2社に分社されている。このように分社することにより，ゼロックスコーポレーションは，提供価値の中心をサービス事業にシフトしている。2017年，ゼロックスコーポレーションはサービス部門を分社化し，Conduent Incorporatedとし，サービス事業の強化を進めようとしている。

(2) コマツ

建設機械メーカーであるコマツはタイなどの新興国に建設機械を販売するためにICTを駆使した提供価値を実現している。コマツは建設・鉱山機械の運用コストを分析し，新興国顧客に対してライフサイクルコストの概念を定着させ

ようとしている。顧客にとって大事なのは，「故障などによって稼働中の機械が止まらないこと」，そして「より少ない経費（コスト）で，より多くの作業を行うこと」であり，それによってより多くの利益を生み出せることにある。本体買取価格が安かったとしても，その後，故障が多発しているのでは，顧客は，気づかないところで結局はより多くのコストが発生することになる。それは，故障を修繕するために多くの保守コストがかかったり，もしくは建設機械が稼働しないことにより，作業の進捗が遅くなったり，人件費が余計にかかるなどの問題が発生するからである。

新興国は先進国よりもずっと人件費が安いことから，たとえどこかで余分な人件費がかかったとしても，それがコストとして認識されないことも多い。また，工期に関する見積もり方法が標準化されていないことも多い。その場合，工期，コストの見積もりもままならず，プロジェクトの進捗管理も行うことができないため，工期遅れに対する認識が乏しくなる。例えばインドのインフラの工事の工期遅れは日常茶飯事であるが，その大きな理由は工事見積もりにおける標準がないことに起因しているという。

しかし新興国でも，中国やタイで見られるように人件費の高騰が進んでいて，

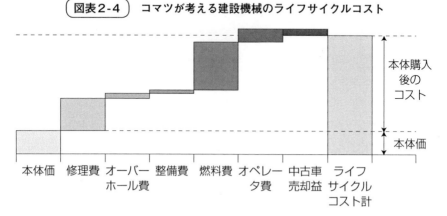

図表2-4　コマツが考える建設機械のライフサイクルコスト

通常，本体購入後のコストは，本体価の数倍程度に達する。この他，リースや割賦購入の金利などの発生が考えられる。

今後はさらに広い地域に及んでいくことが予想される。また、インフラの工事が増えていくにつれ、新興国でも工事の進捗管理が定着していくと思われる。

コマツはこうした市場環境下にあり、建設機械に関するライフサイクルコストという概念の普及に力を入れている。これは、建設機械を新車で購入し、稼働後、最終的に廃棄または中古車として売却するまでの間には、本体価格に加えて、補給部品やサービスの費用、燃料費、オペレータの賃金などのコストをトータルで考えるものである。

コマツによるとライフサイクルコストは国、地域、機種、使われ方により異なってくるという。これまではそれを正確に把握することは困難であった。しかし、現在、40万台の建設機械が接続されている、建設機械の稼働管理システムKOMTRAXを使えば、膨大な情報を収集・分析することで、各地域のライフサイクルコストの把握が可能になる。さらに、タイにおいては、新興国では難しかったライフサイクルコストの概念を顧客に理解してもらい、有償保守契約の締結を行う事例も出ている。

タイの販売現地法人バンコクコマツセールス（BKS）では、ライフサイクルコストを最小化するため、有償保守契約「B-コネクト・ワランティ」を2010年に商品化している。定期保守を行うことで、機械の性能を維持して稼働率を高め、中古車の買取金額を上げて、ライフサイクルコストを引き下げていくことを顧客にわかりやすく説明し、保守契約の締結比率を高めている。

コマツの実施した調査によると、2013年上期の調査結果では、20トンクラスの油圧シャベル顧客の場合、B-コネクト・ワランティを契約した顧客のリピート購入率は、未契約の顧客に比べ21％高いという結果が出ている。

タイの建設市場ではオペレータ不足が深刻化しているが、こうしたなか、3年間・7,000時間・14回の保守において実施されるオイル・フィルター交換と機械の点検は機械のコンディションを常に安定した形で使用できることから、保守契約を締結している顧客からは満足の声があがっているという。また、KOMTRAXを活用することにより、500時間ごとに確実に点検が可能となるし、後でレポートが届けられるので、機械の稼働状況を可視化することが可能とな

る。顧客にとっては機械の稼働率を確実に高められることから，これも顧客の満足向上に貢献している。

現在，建設機器の新興国市場では，中国の三一重工業，韓国の現代などが力をつけてきており，競争環境が厳しくなっている。しかし，コマツはイニシャルコストでの価格競争をするのではなく，新興国の顧客に「コストはイニシャルコストのみならず，補給部品やサービスの費用，燃料費，オペレータの賃金などのコストをトータルで考えるもの」と啓蒙する活動を地道に継続することにより，KOMTRAXによる機械の安定稼働を実現し，中古車市場でも市場価格を高めることにより，さらなるブランド価値の向上を進めている。

4 ビジネスモデル構築に向けて

ビジネスモデル構築に向けて必要となることは，(1)仮説検証型アプローチ，(2)顧客視点でのROIシナリオの明確化，(3)自前主義からの脱却がある。

(1) 仮説検証型アプローチ

最初に，ビジネスモデル構築に向けて，仮説検証型アプローチをまず実施することが必要である。なぜならば，顧客の持つ悩みに対して理解を深め，提供価値を明確にするためには，顧客がどのようなことに悩み，課題を描いているかについて仮説構築をすることが必要だからである。例えば，ゼロックスが複写機をレンタルで販売する事業モデルからITアウトソーシングやビジネス・プロセス・アウトソーシングの事業形態に大きく変化できたのは顧客の悩み，課題に対する仮説があったからである。つまり，複写機のレンタル，複写サービスを実施していたゼロックスは顧客にとって負荷が高く，ミッションクリティカルである業務に対して仮説を構築していきながら，顧客の業務理解を深めていった。そして，新薬申請やモーゲージローンなどの業務に対するドキュメント業務を請け負うことで業務理解を深め，顧客がもつ悩みや課題について仮説構築とそれらの仮説の検証をし，顧客の悩みや課題についての理解を深め

ていった。このように，ビジネスモデル構築のためにはこの顧客情報を共有するだけではなく，組織として仮説を俊敏に構築し，検証する仮説検証のサイクルを繰り返せる機能が必要である。

(2) 顧客視点でのROIシナリオの明確化

　ビジネスモデル構築のためには，顧客に対する提供価値を構築するとともに，それを顧客に説明し，納得させる検証方法を構築することが必要である。なぜならば，顧客に提供価値を提供することにより，どのような便益が与えられるのかをシナリオに落とし込むことが必要であるからである。そのためには，効果検証ができるデータ収集と分析の方法を確立しておくことが必要となる。例えば，製品からの稼働データ，顧客の作業等に関する時間とコストについてのデータなど現状把握をすることが必要である。こうしたデータの収集と分析により，製品からの情報，作業改善等からの情報をもとに，実際にどれくらいの改善効果があるのかを明確に提示できる手法を構築しなければならない。

(3) 自前主義からの脱却

　ビジネスモデル構築のためには自社だけで実現することはできない。なぜならば，自社ですべてを行うことを目指すあまり，本来実現すべき提供価値を実現するための最短の方法がとれなくなっては，顧客の課題を解決することはできないからである。そのため，提供価値に必要となる技術，ソフトウェア，サービスなど棚卸し，それに対する獲得方法について自社内部で可能であるか，もしくは他社から獲得したほうが早いのかを判断することが必要である。その際，重要となるのが提携のシナリオである。他社と提携していくこととなるのであれば，アライアンスパートナーにとって，どのようなメリットがでるのかそのシナジーの創出シナリオを明確に構築しなければならない。そのうえで，実現すべき顧客への提供価値を明確にし，それを実現するために他社と提携すべき領域を明確にするとともに，提携したいアライアンスパートナーにとって，どのようなメリットがあるのかを明確にシナリオとして示さなければならない。

つまり，自前主義からの脱却のためには，製品事業よりもさらに，顧客に対してどのような提供価値を実現したのかを明確にしなければならない。顧客の課題を常に理解し，顧客に何を提供するか提供価値を常につきつめていくことで，実現したい提供価値に対して自社ができることと，他社に支援を求めなければいけないことが明確になる。つまり製品中心の思考から顧客への提供価値中心に変えることが自前主義からの脱却の本質である。
　このように製品もしくは技術中心で事業を構成する考え方から，顧客を中心に提供価値を考え，ビジネスモデルを構築することにより，日本企業は"事業を創る"力を高めていくことが必要となる。
　それは，ビジネスモデルの構築力の向上こそが，日本が持つ技術を"稼ぐ力"に転換していくために必要となっているからである。

第3章

事業を創るために機能を見直す

- ✓ R&Dのあり方
- ✓ 製品販売ではなく，マーケティング機能を創る
- ✓ "事業を創れる" "ひと" を創る
- ✓ 積極的に外と組む（自前主義からの脱却）
- ✓ 事業に強い情報システム部門を創る
- ✓ ルールメークやリスクの先読み
- ✓ ものづくりに求められる新たなる機能（ものを造るだけではない生産機能）

"事業を創る"を支える基盤機能として，①外部と結びつきながら研究開発が進められる研究開発機能，②市場ニーズを理解しながら技術シーズや事業モデルを顧客に浸透させるマーケティング機能，③"事業を創る"人材を獲得・育成する機能，④"事業を創る"ために必要なリソースを外部から獲得するアライアンス機能，⑤顧客の声やマシーンデータを分析し顧客理解を深めるためのIT基盤，⑥事業リスクを最小化するリスク管理機能，⑦顧客密着型の生産機能がある。

1 R&Dのあり方

1 現状の研究開発の問題点

　現状の研究開発における問題点は，自社内部にある技術シーズに依存した製品開発が中心となっていることにある。なぜならば，シーズの開発には時間とコストがかかるうえ，自社の技術を中心に考えてしまい，市場に対する視点が甘くなりがちであるからである。製品中心となる製品開発事業では，その研究開発については，提供価値を実現するために必要となる要素を外部から獲得しなければいけなくなったとしても，社内の研究開発部隊が社内での開発を主張し，外部との提携を拒む場合も多い。"事業を創る"ため，重要となるのは，"事業を創る"ことを実現するために必要となる技術の棚卸をし，獲得すべき技術を明確にすることである。そのうえで，外部の研究開発機関と提携しながら，市場に近いところで外部のリソースを活用した研究開発を進められるR&Dの仕組みが必要となる。なぜならば，研究開発は事業戦略と一体で営まれるべきであり，常に顧客ニーズに近いところで行われなければならない。しかしながら，日本企業に見られる問題点は研究開発が市場から遠いところで行われている点ではないだろうか。そのため，日本製造業のR&D部門の研究者は自らの研究テーマである技術シーズについては語ることができるが，取り巻く市場環境，顧客が求めている価値については，関心の中心ではないことが多い。つまり，新規事業についての議論を研究開発部門中心に行うと，自らの技術シーズがテーマとして残るか，残らないかだけが関心の中心であり，顧客が何を求めているのかについての検討が弱くなることがある。

　こうして，技術シーズ中心に開発された製品は，サービスやオペレーション

等を組み合わせたビジネスモデルを形成していくことが難しいことが多い。なぜならば，製品スペックでの差別化による顧客への訴求はもはや難しいからである。

2 "事業を創る"ために必要となる研究開発プロセス

"事業を創る"ために必要となる研究開発プロセスは，狙いの市場に対して，市場環境の変化を予測し，その市場動向，顧客のニーズ変化に対して，どのような"事業を創る"ことを進めるべきかを議論することに参画することが必要となる。加えて，その事業を成立させるのに必要となる技術を明確にする。つまり，自社内にある技術と自社にはない技術を明確にすることが必要である。

つまり，研究開発において重要なのは自前主義から脱却し，"事業を創る"ことを実現するために，重要な技術で社内にないものであれば積極的に外部と提携していくことである。

例えば，事業にとって重要なるインパクトを与える可能性がある技術領域，技術トレンドなどについて常にモニタリングを行い，"事業を創る"ために重要なる技術領域を特定できたら研究開発については大学，ベンチャー企業等との共同研究を常に進めることが大事になっている。なぜならば，"事業を創る"ためには，顧客の価値を中心に考え，製品に加え，オペレーションやサービス等顧客に納入された後の顧客へ提供される提供価値も同時に開発していくことが必要となるからである。つまり，過去において社内でのみ考えていた研究開発は，これまで以上にオペレーション，サービスなどが顧客にとってももたらす提供価値も考えながら，より社外のリソースと協業しながら"事業を創る"ことを推進しなければならない。

(1) 事　例

"事業を創る"ためのR&Dに成功している事例としては，P&G，東レなどがある。

① P&G

プロクター・アンド・ギャンブル（P&G）は，"事業を創る"ためのR&Dを推進している。同社について着目すべきは1）外部資源を活用したR&D，2）市場ニーズに密着したR&Dにある。

1）外部資源を活用したR&D

自社の技術に拘らず，積極的に外部リソースを活用した研究開発を展開している。自社開発に拘らず，「PFE」(proudly found elsewhere：堂々と社外から見出す)に大転換した。同社のこうした戦略はコネクト・アンド・デベロップメントといわれ，2000年に最高経営責任者（CEO）となったアラン G. ラフレイが新製品における要素技術の半分を社外調達するという目標を掲げた。その結果，社外で開発された要素を含む新製品は15％から50％超に上昇し，R&D効率は劇的なる改善を見せた。このように，P&Gがこうした成果をあげられるのは，単なるR&Dのアウトソーシングではなく，外部の資源とP&Gの製品開発やマーケティングの力を組み合わせることで，イノベーションを起こしていることに大きく起因している。これをP&Gは，「創造性のインソーシング」と呼んでいる。

このように，P&Gが新しい事業を創出できるのは，P&Gではニュー・グロース・ファクトリーと呼ばれるビジネス・プロセスにより，組織的にイノベーションを量産しているからである。これはP&Gが取り組んでいる組織として体系的にイノベーションに取り組む風土改革で，組織としてのサポート体制を整え，創造性とスピード，信頼性を兼ね備えた活動を支えるものとなっている。それは例えば，破壊的成長を促すため，マインドセットと行動を教育したり，破壊的プロジェクトを支援するための指南役グループを組織化したり，プロセスマニュアルを作成し，新しい成長を促す組織構造の開発をするなど，組織としてイノベーションを支援していく仕組みのことである。

このように，P&Gはコネクト・アンド・デベロップメントにより，社外の資産を活用すると同時に社外にP&Gの資産を活用してもらうことで，研究者

のモチベーションを高めている。その結果，コネクト・アンド・デベロップメントにより，すでに千契約以上を生み，個人発明家から中小企業，大企業，さらに競合他社にまで及んでいる。

例えば，消臭芳香剤「置き型ファブリーズ」は，ベンチャー企業など複数の日本のパートナー企業との共同開発で生みだされた。また，ファブリーズアロマは，イタリアの浸透膜の技術により，一定の香りが長持ちすることを実現した。

2） 市場ニーズに密着したR＆D

P＆Gでは顧客の洞察を組織として推進している。消費者理解をする専門組織のCMK/消費者・市場戦略本部（Consumer and Market Knowledge）だけでなく，R＆Dやマーケティングから店頭担当者まで，消費者の観察を行い，あらゆるものを観察し，消費者理解を深めている。さらに，消費者の意見，発言の背景を考え，洞察を得ている。例えば，怒りたくないのに食べ物汚れをつける子供を叱ってしまいストレスを感じる主婦に対する洞察から，イオンポリマーで衣類の表面をコートし食べ物汚れをつきにくくするアリエールレボの新製品コンセプトが生まれた。このようにR＆D部門が，消費者を洞察し，積極的につながることで，イノベーションの種となるアイデアをつくっている。

② フィリップス

フィリップスは"事業を創る"ために自前の技術に拘らず，常にオープンイノベーションにおいて外部から技術を獲得し，"事業を創っている"会社である。同社は家電，照明，医療機器のセグメントで事業を成長させていくためにオープンイノベーションを推進している。具体的には，2010年以降，50％の製品について，その差別化の鍵となる技術を社外組織から取り込むことをR＆Dの行動方針としてオープンイノベーションを推進している。こうした動きを具体的に推進するために，本社にオープンイノベーションを推進する担当役員を設置し，世界11の開発センターを設置し，グローバルな推進体制を構築してい

る。具体的には，フィリップスは，オープンイノベーションを強力に推進するために，社内のオープンイノベーションチームを立ち上げ，オープンイノベーション担当ディレクターを配置し，推進のための権限を付与している。さらに，活動推進するメンバーを選定し，推進チームを発足させている。また，世界に11の研究センターから，オープンイノベーションを推進する担当メンバーを任命し，定期的な会議を推進し，密に連携をとりながら活動推進している。この各研究センターのメンバーは，各研究センターでのセミナーを開催するなど，各研究センターでのオープンイノベーションの推進の浸透に重要なる役割を果たしている。さらに，このようにオープンイノベーションに参画することが，社内でのプロモーションにおいて，明確なる履歴，実績として残ることを説明することで，優秀な人材を集めることに重要なる役割を果たしている。

　こうしたフィリップスのオープンイノベーションも開始当初は予想以上に社員の自前主義が強く，意識の変革に大変なるエネルギーを使った。研究者にとって，社外技術活用は自分たちの存在を否定する仕組みのようにとらえられることもあった。そのため，こうした研究者の意識を変えるために，1）他社よりも先にゴールに到達することが大事であり，そのために社外技術活用に誇りを持つという考え方の徹底，2）オープンイノベーションをうまく実践した開発チームの表彰による全社内アナウンスの実施を行った。つまり，競合に先んじて，早く製品を開発するために，社内に一番の技術がなければ社外から技術を求め，迅速に見つけ出すことに努めた。そのために，クラウドソーシング，サプライヤーネットワーク，企業コンソーシアム，産学連携などありとあらゆる仕組みの活用を積極的に行った。また，こうした仕組みを積極的に活用し，成功した開発チームは全社に積極的にその成功事例をアナウンスし，研究者のオープンイノベーションのやる気を引き立たせ，意識改革を推進した。

　これまでのオープンイノベーションの成果として，照明機器向けのレーザー・センサーや，「ノンフライヤー」（油を使わずに揚げ物を作る家庭用調理機器）があげられる。例えば，照明機器向けのレーザー・センサーは，構想段階でのアイデアはハイテクキャンパス(注)で生まれ，実用化段階で製造会社

を買収して製品を生産したという。また，ノンフライヤーはオランダの中小企業が持っていた技術をフィリップスが導入し，その技術を活用することで実現した。具体的には，オランダにある開発ベンチャー，APDS社が保有するラピッドエアという熱風循環技術を採用し，2010年にノンフライヤーの製品化に成功した。このノンフライで取り組まれたオープンイノベーションによるフィリップスへの経済的効果は大きく，フィリップスのコメントによると開発期間を約1年半短縮できたことと，売上効果では150カ国で320万台の販売（2015年時点）を実現している。（出典：株式会社　ナインシグマ）

（注）　ハイテクキャンパス

　元々フィリップスの研究施設だったが，2003年に立て続けに実施した人員削減の際，元従業員らがベンチャー企業を立ち上げる場として解放し，ベンチャー企業と大企業が協働する場となっている。

③　東レ

P&G，フィリップスなど欧米企業の事例により，外部資源と連携したオープンイノベーションの事例を見てきた。一方，東レは技術が積極的に顧客に接点を作り，社外との連携を積極的に作ることで，イノベーションを起こしている。

2002年，東レは創業以来はじめて単体赤字となり，自前主義で根づいたカルチャーを脱し，市場が求めているものをより早く市場に出していくため，自前主義からの脱却を行った。

具体的には，前田会長（当時）が強い危機感を持ち，ボーイング（炭素繊維）やデュポン（ナイロンの生産技術導入）など社外との連携を行い，自前主義偏重からの脱却を試みた。つまり，研究開発のやり方を抜本から改革し，他社とのオープンイノベーションを推進した。

自前主義によるブラックボックス化による成功体験を脱却するため，社長，役員や研究のトップが何度も工場や研究所を訪れ，現場の人々，管理職に粘り強く語りかけること，タコつぼ研究から脱却し，市場を意識したスピード感の

ある研究開発の必要性を語りかけた。さらに，社長自らユニクロとの連携などオープンイノベーションを進め，こういった報道記事が報道される都度，社員は社外連携の必要性，トップ自らの行動を感じ，意識は徐々に変わっていった。

東レが推進するR&Dにおいて着目すべきことは同社が行っている市場密着型のR&Dである。

具体的には，東レは繊維機能資材・商品，フィルム加工製品，複合材料加工，水処理の4分野を重点強化対象とし，顧客重視，市場密着型の開発を行う専任開発組織を立ち上げている。実際に中期経営課題において顧客一体を謳っているテーマは，自動車・航空機関連，環境・エネルギー関連であり，特に成長が見込まれる炭素繊維複合材料事業部は顧客密着を謳っている。

例えば，航空分野では，2004年に東レとボーイングは，ボーイング787向け材料供給を行う基本契約を締結し，2006年にボーイング787の構造材にトレカ（東レの炭素繊維）を全面採用することを発表し，2006年より16年にわたり，東レから炭素繊維を独占的に調達する契約も締結した。さらに，ボーイングとの間で，既存の「787」プログラムに加え，新型機「777X」プログラム向けに炭素繊維トレカ®プリプレグ（炭素繊維に樹脂を含浸させたシート状のもの）を供給する包括的長期供給契約を締結し，「787」，「777X」両プログラム向けの契約期間における東レグループの供給総額は，1.3兆円（110億ドル）を超える見込みとなった。

このように東レが炭素繊維で成果をあげられたのは，東レが炭素繊維に研究予算だけでも1,400億円を投じ，テニスラケット，ゴルフシャフト，釣りざおなどの領域で生産技術を磨き続けてきたからである。当初から飛行機分野は狙いの領域であり，「黒い飛行機をとばそう」を合言葉に軽量化の利点は大きいが，安全基準は厳しい飛行機への採用を長期ビジョンで定めて，中期課題に取り組んできた。

こうして研究開発を続けてきた成果として，東レの炭素繊維が最初に飛行機に使われたのは1973年であり，その際は内部部品にのみ使用された。その後，1983年，機体の一部に初めて採用され，1992年，777でやっと尾翼と主翼の一

部に使われた。このように，東レはボーイングに顧客密着しながらも，40年という長い歳月をかけて，歴代の社長が赤字を許容しつつ，1,400億円という研究開発投資をかけて，イノベーションを起こすことを目指してきた。その結果，ボーイングとの関係において大きな成果をあげることができた。

　また，自動車用途においても顧客密着型の研究開発を推進してきた。具体的には，1996年，樹脂事業部門のなかにナイロン樹脂，PBT樹脂，PPS樹脂の自動車用途の開発・販売を担当するエンジニアリング プラスチック第1事業部という自動車用途を専門に扱う事業部を作っている。後に ABS樹脂，PP発泡シート・ペフの自動車用途も取り込み，組織名称も自動車材料事業部と改め，名実ともに樹脂事業部門のすべての素材の自動車用途を担当する事業部とし，自動車業界に特化し，顧客密着型の研究開発を進めた。

　さらに，自動車メーカーの将来動向，ニーズを把握し，組織的に対応するため，2006年に自動車材料戦略推進室が設立されている。このように用途別の組織にしたことにより，自動車関連ユーザーは樹脂を自ら選択することなく，何でも東レに聞けばわかるという土壌ができたので，樹脂系素材の開発テーマに関し，多くの開発情報が入るようになった。さらに，自動車材料戦略推進室の誕生により，樹脂・ケミカル以外でもフィルム，複合材料，電子情報材料，繊維など各事業部横断での情報収集と共有，オール東レでの提案活動を通じて，自動車業界での全社を挙げての提案活動を強化していった。つまり，自動車材料戦略推進室が，東レグループの代表窓口として，自動車業界への提言等の情報発信を行っている。こうした活動により，今まで，事業部間の業際でとりこぼしの多かったテーマについて，グループ内外の情報を収集し，検討することが可能となり，顧客起点での情報の一元的収集と，東レ全社での顧客への情報提供が可能となっている。

3　"事業を創る"ためのR&DでのKFS

　"事業を創る"ため，重要となるR&D機能としては，(1)推進体制のポイント，

(2)技術者の意識改革,(3)CTOの育成がある。

(1) 推進体制のポイント

"事業を創る"ためのR&Dを進めていくために,求められる推進体制としては,市場の変化に着眼し,市場ニーズと技術を結びつけるための推進体制を構築しなければならない。例えば,研究開発部門のなかに,市場との接点を持つ専門組織を構築することも有効である。

例えば,シーメンスはPICTURE OF FUTUREにおいて重要なるトレンド,技術領域を特定している。CORPORATE TECHNOLOGY（CT）を中心としたスペシャリストでチームを組成し,外部有識者と議論を行いながらメガトレンド,重要な技術領域を策定している。そのうえ,重要なる技術領域については外部の研究所などと共同で共同研究を進めている。

また,CTの中には市場開拓委員会（MARKETING DEVELOPMENT BOARD）が設置されており,ビルディング,交通機関,電力会社（発電,送配電）,OIL&GASなどの重要業界に対して研究部門が顧客と接点を持ちながら共同で自社が保有する技術シーズを生かしたイノベーション開発を顧客とともに進めている。

図表3-1 シーメンスの市場開拓委員会

顧客	OIL & GAS	電力,IPP	GRID（送配電）	ビルディング	交通機関	産業顧客	ヘルスケア
市場開拓委員会	市場開拓委員会（Marketing Development Board）（OIL & GAS,電力,都市,素材産業）							
事業部門	パワー&ガス	風力,再生エネルギー	エネルギーマネジメント	ビルディングテクノロジー	MOBILITY	ディスクリート	プロセスハイブリッド	ヘルスケア

(2) 技術者の意識改革

　"事業を創る"ことを進めるためのR&D機能を構築していくために必要となるのが，技術者の意識改革である。例えば，自前主義に陥りやすい研究開発者の意識を大きく改革し，市場起点で市場の変化をとらえ，自社にない技術で必要なものがあれば積極的に外部との提携を進めていくことが必要となる。

　GEは，インダストリアル・インターネット実現のためにシスコやインテルなど外部企業と積極的に提携を行い協同で実証実験，研究を行いながらオープンイノベーションを推進している。こうした技術と常に協同提携しながら共同研究することで，常に迅速に"事業を創っている"。

　また，フィリップスも研究開発者の自前主義を克服し，世の中にある一番優れた技術を活用することで，製品を市場にいち早く投入することを重視している。

　このように，オープンイノベーションを推進していくためには，フィリップスが実施したように，研究開発者への地道なる意識改革が必要となる。例えば，社外技術を積極的に活用し，迅速なる"事業を創った"研究者を評価する評価制度や，そうした成功事例を社内に広く周知させることにより，研究者の意識を広く変えていくことが必要である。また，産学連携や産産連携，クラウドソーシング，サプライヤーネットワーク，企業コンソーシアムなどの仕組みの活用とこうした仕組みの活用の仕方の周知徹底，さらには研究者が社外に対して，自社の研究開発テーマの外部への紹介を行う場を設けることで，外部との共同開発を推進するきっかけをなるべく多く作る工夫などが必要となる。例えば，富士フイルムではオープンイノベーションハブを設けることにより，同社が保有する技術を外部の企業に紹介する場を持ち，積極的なるオープンイノベーションを推進している。とかく，自前主義，市場起点ではなく技術起点になりがちな研究開発者に対して，自社の技術を外部に対して市場起点で説明をさせることにより，研究者の意識を変革し，外部企業との共同開発などを促進することが有効である。

(3) CTOの育成

　製造業において，研究開発部門は，製品事業部とは異なる中長期の目線で研究開発，事業部門からの依頼に基づく開発を推進している。つまり，長期レンジで考える将来の研究開発は研究開発部門，事業に密着した開発は事業部門とその機能は分かれていることが多い。しかしながら"事業を創る"を進めていくためには，経営企画部門，研究開発部門などのコーポレートが中長期の時間軸で，事業にとって将来大きなインパクトを与える技術領域の特定，さらには，事業にとって重要となるメガトレンドの把握を実施することが必要である。こうした技術と事業を繋げ，"事業を創る"ことを早期に実現していくかの意思決定ができるCTOとそれを支える組織機能が必要となっている。こうしたCTO人材の育成は技術がわかるのみならず新規事業開発など含め事業部門の経験も必要となる。そのため，"事業を創る"ことを推進するために，CTO育成の仕組みを構築していくことが求められる。

　日本企業においては，CTOというポジションは存在しつつも，その役割は名ばかりであることも多い。つまり，研究開発を担当してきた役員がCTOという役割を担っていることが多い。しかしながら，CTOは本来であれば，市場環境の大きな変化と自社の技術の接点を見出し，事業機会を創出する役割を担う人材であるべきである。つまり，重要なるメガトレンドに対して，自社の技術，外部の技術を組み合わせいかに早く"事業を創る"ことを推進するかという視点に基づき，技術リソースマネジメント，アライアンス戦略を進められる役割が求められている。

　こうした人材は即日育成されるものではなく，技術開発，マーケティング，事業部門などいくつかのキャリアパスを意識的に踏ませながら，意識的に育成していくことが求められる。さらに，CTOが意思決定していける組織機能も欠かせない。CTO室などのCTO支援機能のようなものが必要となる。なぜならば，CTOは自社の技術に対する理解をするのみならず，世の中で起きている大きな市場環境の変化，自社に求められている大きな事業モデルの転換とそ

れを実現するために必要となる技術やそれらを有する有望なアライアンスパートナーなど，理解し，意思決定を行わなければいけない範囲がとてつもなく広いからである。こうした支援機能には研究開発出身者のみならず，マーケティングやアライアンス機能出身者など様々な部門出身者で構成することにより，将来のCTOを育てていくための重要な人材育成機能も担うことになる。

　日本企業が"事業を創る"ことを着実に推進していくためには，過去の製品開発とは異なるR&D機能の刷新が必要となる。そのためには，それをリードしていくCTOを組織的に育成していくことが求められる。

(参考文献)
- P&Gのラリー・ヒューストン，ナビル・サッカブ著「P&G：コネクト・アンド・ディベロップ戦略」ダイヤモンド・ハーバード・ビジネス・レビュー 2006年8月号。(P&Gのブルース・ブラウン，スコット・アンソニー著「P&G：ニュー・グロース・ファクトリー」ダイヤモンド・ハーバード・ビジネス・レビュー 2011年10月号に詳しい)。
- http://blog.livedoor.jp/randdmanagement/archives/51968337.html
- http://blogs.itmedia.co.jp/honjo/2012/11/pg-6f1d.html
- 『オープンイノベーションの教科書』星野達也著（ダイヤモンド社）

2 製品販売ではなく，マーケティング機能を創る

1 "製品を造る"と"事業を創る"におけるマーケティング機能の違い

　製品ライフサイクルが成熟期に入っている事業であれば製品販売のためのチャネルの確保と販売活動を行えば一定の販売はできる。しかしながら"事業を創る"場合は，強いマーケティング機能が求められる。

　なぜならば，製品事業においては，提供価値はその製品の機能であることが多く，機能訴求による販売活動で自社チャネル，もしくは代理店などの販売チャネルでの一定量の販売はできた。

　しかしながら，"事業を創る"場合，製品軸で考えるのではなく，顧客基点での顧客価値を自社の製品にとどまらず，サービスやコンテンツなどと組み合わせて構築することが求められる。このように"事業を創る"ためには，販売活動ではなく，マーケティング活動が求められる。つまり，販売活動とマーケティング活動の違いは，販売活動が，発想の起点を製品とし，顧客に製品を"売り込む"ものに対して，マーケティング活動は，"発想の起点を顧客として，顧客が買いたくなる仕組みを構築する"ことである。このようなマーケティング活動は，"事業を創る"場合，より一層重要になる。なぜならば，"事業を創る"場合は，狙いとする顧客の悩みや困りごと，その困りごとに対して仮説をたてながら検証していくことが求められるからである。昨今では，顧客のニーズは複雑でとらえづらく，市場環境によって変わりやすい。それをいかに迅速に把握していくか，そしてそれを提供価値内容，訴求の仕方にどのように反映させていくかは事業の成否を握る非常に重要な問題である。

図表3-2 製品販売と"事業を創る"マーケティングの違い

	製品販売	"事業を創る"マーケティング
発想起点	製品中心	顧客起点
活動内容	チャネル支援 直接販売 製品効用説明	提供価値の構築のための他社製品・サービス・ソフトウェアなどとのインテグレーション
求められるスキル	製品性能説明 提案力	顧客の課題の仮説検証 提供価値実現のためのインテグレーション力 仮説検証

　このように、"製品を造る"において、製品用途はある程度明確であるが、"事業を創る"においては自社の製品に加え、サービスやコンテンツなどと組み合わせ事業として仕立てていくことが求められる。つまり、"事業を創る"ためには、これら製品やサービス、コンテンツなどの組み合わせにより、顧客に対する提供価値の訴求、浸透を行わなければならない。そのためには、顧客の悩みが何であるのか、そして、それに対する提供価値を構築し、顧客に訴求し、浸透していくプロセスを自社にもたなければならない。つまり、マーケティング機能は、社内、社外のリソースを束ねるとともに、顧客への提供価値を顧客の悩みに合わせて提案し、顧客の投資対効果（ROI）含め訴求していくことで、顧客への理解を促進していく。このようにして、顧客の悩みを把握し、それに合った形で製品、サービス、コンテンツなどを組み合わせたものを提案し、顧客への訴求を行うとともに、足りないものを明確にし、それに基づいて"事業を創る"ために必要となる技術を明確にすることが必要である。

2　先進事例

　"事業を創る"事例からの考察としては、(1)シーメンスにおける市場開拓委員会、(2)コニカミノルタのBIC機能などがある。

(1) シーメンス

① 本社研究開発部隊による戦略的マーケティング

シーメンスCT（CORPORATE TECHNOLOGY部門）という本社研究開発部で顧客を業界別にターゲティングし，顧客のニーズを徹底的に解析している。事業部門は既存製品での販売活動が中心となるものの，既存製品もしくは事業部門を超えた形で化学業界など狙いの業界のニーズを分析し，シーメンスが持っている技術を組み合わせることにより，狙っている業界により深く食い込もうとしている。シーメンスのCTにStrategic Marketing部隊が存在しており，事業部門の人材とともにプロジェクトチームを組成し，外部有識者を取り込みながら戦略的マーケティングを実施している。例えばCTのStrategic Marketing部隊とともにBuilding Technology事業部門の人材が共同でプロジェクトチームを組成し，将来的に建築物が持つべき要件について調査を実施し，エネルギー効率，労働環境の最適化，生活の質や安全安心の向上をいかに

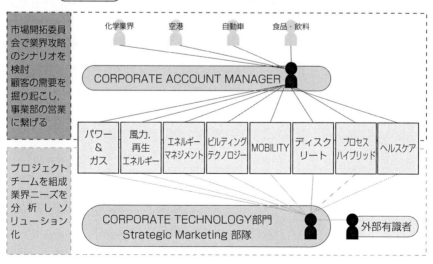

図表3-3　シーメンスによる市場創造型マーケティング活動

実現するかについて，有識者とも議論しながら実現すべき技術・製品やサービスを組み合わせたソリューション事業を明確にしている。こうして明確にした将来のトレンドに基づくソリューション事業を同社が描く将来の姿に終わらせず，顧客を保有している事業部門が展開するマーケティング活動にまで落とし込ませていることが非常に重要である。シーメンスには9つの事業部門が存在するがこれらをまたがって特に重要顧客を担当するCORPORATE ACCOUNT MANAGERが本社に存在している。

同社はCORPORATE ACCOUNT MANAGERに対して同社が考える将来の姿と事業の方向性を落とし込むため，市場開拓委員会（Marketing Development Board）を本社内に設置している。市場開拓委員会は同社が重点的に狙っている化学業界，空港，自動車，食品・飲料などと業界別に構成されており，同社が考えている将来の姿とソリューションを実際に狙っている業界に落とし込むシナリオを検討し，これを業界の重要顧客に対するマーケティング活動を担当するCORPORATE ACCOUNT MANAGERに落とし込んでいる。こうしたマーケティング活動により需要が創造されたのち，実際の販売活動へとつなげることで需要創造を行っているのである。

シーメンスが行っているこのようなマーケティング活動は，製品販売活動とは大きく異なっている。自社が保有する製品，技術，ソフトウェアなどを組み合わせ，狙いの顧客が保有している悩みに対して，顧客起点で市場を創造している。この際，シーメンスは顧客軸で営業組織を編成し，顧客に対してグローバル規模で提案活動を行っている。その活動は，製品を売り込むのではなく，顧客の悩み，課題に基づき，自社の製品，サービス，ソフトウェアを事業部門横断的に組み合わせ，提案している。また，現在は顧客の悩みに対して解決する手段を保有しなくとも，自社が保有する技術を活用することで，将来的に解決できる可能性がある悩みや課題があれば，それらを顧客とともに解決していくことを提案している。

② シーメンスからの示唆

　シーメンスのこれらの活動からの示唆は1）顧客軸での営業体制を取り，グローバルで顧客課題起点で提案活動を行っている，2）自社の技術を顧客軸に置き換え，顧客価値起点で技術，営業横断でのマーケティング活動を推進している，ことがある。

(2) コニカミノルタ

① 新規事業を生み出すBIC機能

　コニカミノルタは，世界5極体制で「Business Innovation Center」を設立している。複写機等の事務機市場は市場が飽和しており，事務機事業だけで今後の事業成長を実現していくことは難しい。コニカミノルタは，事務機で培った顧客基盤を生かし，より，市場・顧客に密着した新たな商材・サービスを開発するために2014年世界5拠点にBIC（ビジネスイノベーションセンター）を開設している。

　コニカミノルタはジャンルトップ戦略というカラーの高速機など得意とする領域にリソースを集中し，複写機市場で大きくシェアを伸ばした。しかしながら，今後，事業を成長させるには，地域・市場・顧客により近いところで，顧客のニーズに密着した新規サービスを構築することが必要となっている。これはコニカミノルタが，従来の主力事業である複写機等事務機を中心とするビジネスモデルからICTを活用した顧客企業の業務プロセスの改善・改革に向けたサービス提供への事業転換を積極的に推進しようとしているものである。

　BICは北米，欧州，アジア・パシフィック，中国，日本の5か所に設置され，各々の市場においてより広くさらに深く顧客のニーズをくみ取り，迅速に開発・事業化を行っている。ヘルスケア業界など狙いとする業界に対して業界が抱えている悩みをヒアリングし，開発段階から様々な外部パートナーと連携をし，"事業を創っている"。また，BICのトップ及び主力スタッフは現地にてリクルーティングした人材で構成しており，現地に密着した対応を行っていることと，従来の複写機の枠にとらわれず，ICTの視点からワークフロー分析がで

きる人材を採用している。こうした特長を活かし，各拠点の市場における顧客ニーズの分析，技術トレンドや有用商材のリサーチといったマーケティングの取り組みを実施しながらサービスの設計・開発・投資などを踏まえて事業の開発及び立ち上げを行っている。

例えば，アジア・パシフィック地域の拠点としてシンガポールに開設したBICでは，SaaS（software-as-a-service：ネットワークを介して必要に応じてソフトウェアを利用するサービス）や業務プロセス自体をクラウドサービスとして提供するBPaaS（business-process-as-a-service）のようなクラウドをベースとしたサービスの開発を中心に取り組んでいる。またBICでは，特定の業種をターゲットとした，クラウドベースのサービスを顧客と共に開発している。こういったクラウドサービスを提供するためのインフラの整備により，コニカミノルタは顧客により求めやすいサービスを，迅速に提供し，ビジネスの発展に貢献している。

② **コニカミノルタからの示唆**

コニカミノルタからの示唆は，1）世界各地に市場起点の"事業を創る"機能を構築した，2）外部とのアライアンスの積極的推進，がある。

3 "事業を創る"ためのマーケティング機能構築に向けて

"事業を創る"ために必要となるマーケティング機能構築のためには，(1)製品技術，オペレーション，サービスを組み合わせることにより，事業を創り上げるマーケティング組織の構築，(2)顧客軸でのマーケティング体制，(3)地域への権限移譲，(4)本社マーケティング機能の構築をしなければならない。

(1) 製品技術，オペレーション，サービスを組み合わせることにより，事業を創り上げるマーケティング組織の構築

"製品を造る"と異なり"事業を創る"には自社の製品，技術に加えて，ソ

フトウェア，エンジニアリングサービス，コンテンツなどと組み合わせ，事業として仕立てるマーケティング機能が必要となる。このように，市場のニーズを把握し，提供価値を提案していきながら，顧客ニーズに即した形での提案を行うとともに，提供価値を構成するために足りないものがあれば外部からの獲得を行いながら提供価値を創り上げていく機能が必要となる。

　なぜならば，"事業を創る"には，"製品を造る"と異なり，製品，サービス，ソフト，コンテンツなど様々なものが組み合わされて事業として構成されるため，マーケティング組織が顧客に対する提案活動を行いながら，顧客ニーズを把握し，仮説と検証を繰り返し，事業を創り上げていくことが必要となるからである。こうしたなか，マーケティング組織は顧客起点で，顧客ニーズと技術との橋渡し機能を果たす。さらに，"事業を創る"マーケティング活動において，重要となるのが，顧客の課題に関する仮説・検証を繰り返し，提供価値をつくりあげていくことである。例えば，マーケティング部隊は仮説をベースに提供価値の提案を行い，製品導入後のアフターサービスや運用サービスを組み合わせ，提供を行っていくことにより，顧客に対する提案の訴求性を高める。それと同時に，顧客の声を分析し，顧客ニーズを把握し，コンテンツやサービス，製品開発へと生かしていく。こうしたことを繰り返していくことによって，"事業を創る"ことを成功させることができる。

(2) **顧客軸でのマーケティング体制**

　"事業を創る"を実現するマーケティング体制には顧客軸でのマーケティング体制が必要となる。例えば，シーメンスが行っているアカウントマネジメント体制など顧客軸でのアカウントマネジメント体制は"事業を創る"うえでは重要になる。つまり，技術シーズから製品を開発するのではなく，"事業を創る"場合，顧客軸でのマーケティングを行い，顧客ニーズに基づいた製品，サービス，オペレーションを組み合わせた形で"事業を創る"ことが必要となる。さらに，顧客がグローバル企業であればシーメンスが展開しているようにグローバルアカウントマネジメント体制も必要になる。具体的には，顧客が持

つニーズをとらえ，それに対してグローバル規模で一貫した形で顧客ニーズに応えて行くことが求められる。

(3) 地域への権限移譲

"事業を創る"ことを実現するために必要となるのがマーケティング機能における地域への権限移譲である。マーケティングにおいては，フィリップ・コトラーが唱える４PにおいてはPRODUCT（製品），PRICE（価格），PLACE（チャネル），PROMOTION（販売促進）の４つの要素において，市場に最も近いところにいる地域に事業を企画させること，さらには市場に合わせた値づけ，チャネルの選定，教育，販売促進などの機能を権限移譲することが必要となる。そのためには地域で生み出した利益を地域に再投資する権限の移譲，さらにはハードウェア，オペレーション，サービスを組み合わせた形での事業を企画し，地域でエンジニアなどのリソースを採用し，地域発の事業として顧客に密着した展開を行うことが求められる。

このように地域への権限委譲を進めるためには，事業と地域のコンフリクトに対してどのように対応していくかが問題となる。なぜならば，事業のトップはグローバルに事業採算を見ており，事業に関連するリソースの配分は事業部門のトップにゆだねられている。したがって，多くの場合，地域拠点長は明確なる損益責任を持ち，リソース配分への権限を有していない場合も多い。例えば事業が海外地域で生み出した利益は，基本それを生み出した事業部門に属しており，地域内部で再投資するためには，事業部門への交渉が必要になることが多い。しかしながら，事業機会の多くは海外に所在しており，市場機会が多い地域でいかに迅速に資源配分に対する意思決定を行えるかが重要な論点となる。

例えば，シーメンスは重点的に成長させていきたいOIL＆GAS業界に対して，重点的なる資源配分を迅速に行えるよう，シェールガス関連などOIL＆GAS関連の事業機会が多い米州（北米，南米）地域責任者を電力関連の製品とサービス事業部門責任者であるリサ・デービスに兼務させている。こうすることで，

事業トップが事業機会の多い地域のトップを兼務し,有機的資源配分を可能とする意思決定を迅速に行っている。

　日本企業の市場はもはや,日本市場ではなく,グローバルに広がっている。日本からマーケティングを企画し,"事業を創る"ことは難しい。より地域拠点に権限移譲をした形でのマーケティングの展開が求められる。

(4) 本社マーケティング機能の構築

　地域にマーケティング機能を委譲していくと同時に本社が行わなければいけないことは,本社としてのグローバルマーケティング機能の構築である。顧客を保有する地域拠点は顧客に近いところでのマーケティングの展開を行うが,本社は下記①②の機能を構築しなければならない。

① 本社としての狙いの顧客,業種,想定する顧客課題などの打ち出し

　本社としての狙いの顧客,業種,想定する顧客課題を明確にし,何を重点的な投資領域とするのかを事業部門,グローバルな地域拠点に明確に打ち出すことが求められる。その際,各地域拠点が保有する当該領域での展開状況も合わせて把握していくことが求められる。例えば,米国のプリンタメーカーであるLEXMARKはヘルスケア業界など業種に特化したマーケティングにより,業種に特化した製品とサービスの組み合わせによる,ソリューション事業を展開している。先述したシーメンスもCT（CORPORATE TECHNOLOGY）内にある市場開拓委員会,大手の重要顧客に対して顧客軸で提案するCAM（CORPORATE ACCOUNT MANAGER）などのアカウントマネージャー（顧客への営業推進責任者）により,狙いの業種に対して,顧客が保有する課題に対して,製品とサービスを組み合わせた"事業を創っている"。このような展開には,本社が中長期での目線を保有し,顧客の業種固有の悩みを理解し,それを解決するための製品とサービスを組み合わせる仮説・検証型のマーケティングを本社が主導して行うことが必要となる。

　このように本社が行うマーケティング活動は,より中長期で狙いの業界に対

して，どのように深く刺さった"事業を創る"ことができるかという視点に立ち，業種固有の悩み，課題を理解するとともに，自社が保有する技術，投資が必要となる領域を明確にし，本社として中長期的な投資，リソース配分への意思決定につなげなければならない。こうした中長期的視野にたったマーケティング活動は事業部門，地域拠点で行われる短期思考のものとは異なり，本社ならではのより中長期視点でのマーケティング活動となる。

② 各地域での展開事例の汎用化と横展開の推進

"事業を創る"を進めるうえで地域での"事業を創る"ことを進めて行くと，各地で先行事例が出てくるがこうした先行事例を横展開が可能になるように抽象化，一般化を行い，各現地への共有を進めて行く必要がある。こうした共有を進めることにより，各地において，こうした事例の横展開が可能となる。

本社が狙いとして，定めた業界に対して各地域で展開された事例を地域内に留めず，ほかの地域に横展開することは，本社の重要なる役割である。しかしながら，地域で展開された事例は地域固有の事情から成立したと考えられ，ほかの地域への展開が行われず，その地域内でとどまってしまうケースが多い。こうした事例をほかの地域へと展開可能にするには，地域で展開された事例を把握するとともに，ほかの地域で展開可能にするために，顧客の悩み，課題，提供された製品とサービス，ソフトウェアの組み合わせがそれらの悩みや課題をいかに解決したのかを，把握，整理していくことが必要となる。さらに，こうした事例をほかの地域でも展開できるように抽象化し，テンプレート化する形で横展開可能な状態としなければならない。

例えば，あるSI企業はグローバルで行われている業種別システム開発において，横展開可能な事例については，それを抽象化し，テンプレート化し，本社がアセットとして買い取ることでグローバルな資産として横展開可能な状態にしている。

当社がこのような本社アセット化の仕組みを構築した背景には，各地域での類似ソリューション開発が数多く見られ，開発費用がダブリで発生しているこ

とが見出されたからだ。

　日本の製造業においても，製品販売のみならず，ソフトウェア開発やサービスと組み合わせ，事業展開を行うことを目指しているが，各地域で市場と密着した形で開発された事例は事例共有の場で共有されるにとどまることが多い。なぜならば，事例共有をうけた側は，それらの成功事例を持つ顧客，また担当した営業やSE個別固有の事情に起因し，成功事例となったと解釈することが多く，他地域で展開するに至らないことが多い。こうした状況を避け，展開された事例を生かし，横展開するためには，本社がイニシアティブを持って，各地域拠点で展開されている事例を見出し，横展開できるものと認められれば，標準テンプレートのような形で認証し，開発費を本社が補助することで，グローバルに横展開可能な資産化を進めていくことが求められる。こうしたことを実現するためには，マーケティングが海外拠点で展開されている事例を見出すとともに，認証されれば開発費用を負担するなどの仕組みを構築し，事例の収集と，横展開可能となる仕組みを構築していくことが求められる。

　このように"事業を創る"際に求められるマーケティングの仕組みは，販売活動と異なり，本社が中長期視点で取り組むとともに，こうして見出された顧客の問題点，課題に対して，顧客に近い地域が課題解決を行うとともに，展開された事例に対して，横展開可能な形に昇華させていくことが求められる。"事業を創る"ことが求められるいまこそ，日本の製造業にはマーケティング活動が求められている。その求められる機能を構築するためには，本社がすべきこと，地域拠点がすべきことを明確にし，本社と地域が連携した形で，狙いとする顧客起点の活動として，一貫したものとしていくことが必要となる。

3 "事業を創れる""ひと"を創る

1 "事業を創る"に求められる人材

　"事業を創る"に求められる人材は製品開発事業に求められる人材とは異なっている。"事業を創る"のに求められるのは製品のみならず，ソフトウェア，コンテンツなどを組み合わせながら事業を創り上げられる人材である。こうした人材をいかにして育てるかが重要な課題となっている。

　そのためには顧客のニーズをヒアリングし，製品，技術開発に繋げることが求められるため，技術的知識は必要となる。研究開発については製品，技術の理解をすることのみならず，メガトレンドを策定し，必要となる技術，トレンドを明確にできる人材が求められる。そして顧客とともに技術やコンテンツ，サービスを組み合わせ"事業を創る"ため，顧客とのコミュニケーション能力が高くなければならない。つまり，製品に関連する技術のみならず，ICTなどの事業の基盤となる仕組みに関する理解，コンテンツやサービスと組み合わせた事業を開発するための顧客とのコミュニケーション力，などが求められる。そのため，"事業を創る"ためには，顧客の悩みやニーズに基づき，自社の製品のみならず，コンテンツやサービスと組み合わせるため，顧客の悩みについて，仮説構築をし，検証しながらこれを引き出し，正確に顧客のニーズを理解する顧客との強いコミュニケーション力が必要となっている。こうした人材は研究開発部門にいるだけでは育成できないであろう。

2 人材の具体的獲得方法と育て方

　製品とサービス事業を組み合わせた"事業を創る"ためには，サービス事業化に対する経験豊かな人材が求められる。製造業においては，製品開発に経験豊かな人材は多いが，サービス事業化についての経験が豊かな人材は乏しいことが多い。そのため，経験人材を外部から獲得することも考えなければならないこともある。

　さらに，こうして獲得した外部人材と内部人材を組み合わせることで，"事業を創る"ことを推進する組織機能を構築し，内部の優秀な人材の育成もしていかなければならない。

　そのために大事なのは自社内部での人材の棚卸を行っていくことである。優秀な人材は製品事業の影に隠れていて見えない。そのため，製品事業のなかに入り込み，こうした人材を把握することが必要である。なぜならば，製品の技術に詳しい人材は豊富にいるが，ソフトウェアやコンテンツサービス，エンジニアリングサービスなどといった非ハードウェア領域については経験や知識がある人材は表には出にくいからである。しかしながら，社内の人材をよく棚卸すれば，こうした経験知を保有している人材は存在していることが多い。例えば関連会社などに出向になっている人材や小さい事業を担当し，事業全体を見渡している人材などには製品とオペレーションやサービスを組み合わせ，技術とマーケティングが一体となり"事業を創る"ことが多い。こうした人材を本社としてしっかりと棚卸をし，"事業を創る"べき領域の事業に対して人材を振り向けていくことが必要となる。

　さらに，内部での人材棚卸をしても，必要となる経験と知識がある人材が十分にいない場合もある。そのため，"事業を創る"ことで実現したい提供価値から"事業を創る"ために必要となる人材の要件を明確にし，コアとなる提供価値を実現できる人材を外部から獲得することが必要となる。

　そのためには，"事業を創る"計画策定にあわせて，必要となる人材の要件，必要となる人数規模，内部育成なのか外部獲得なのかも含めて，人材獲得・育

成計画を明確に策定する。

　日本の製造業は過去より，ソリューション事業を行うことを標榜してきているが，常に人材不足が叫ばれていることも多い。なぜならば，"事業を創る"には製品のみならず様々な事業要素の組み合わせで事業をくみたてることから，求められる人材要件は過去の製品事業と異なる。例えば，社会インフラ関係の事業であれば狙いの市場である現地政府との強いコネクションを持つ人材なども求められるであろう。どのような要件の人材が必要となるか，そうした人材はどうしたら獲得できるのかを明確に定め，人材の獲得・育成を推進する機能を明確に構築する。

3　先進事例

　先進事例としては，(1)GE，(2)日立製作所，(3)コマツにおける人材育成がある。

(1)　GEにおける"事業を創る"人材育成

①　GEの"事業を創る"ための人材育成

　ゼネラルエレクトリック社（GE）はグローバル規模での成功を収めている企業である。GEは時代に応じて，ビジネスモデルにおける革新を繰り返している。昨今は，IoTの技術を生かし，インダストリアル・インターネットを推進し，"事業を創る"ことを推進している。

　具体的には，IoTで事業展開をするためのプラットフォームとして，Predixを構築し，顧客に導入されているハードウェアにおける遠隔監視，予兆保全のみならず，顧客の運用まで踏み込む形で"事業を創る"ことを推進している。こうした"事業を創る"ことを実現するため，同社では，グローバル戦略策定プロセスのなかに，人材育成をどのように行っていくかを構築するプロセスが明確に定められている。同社は経営戦略を策定するプロセス内にセッションCといって，戦略を実現するために必要となる組織と人材育成が行われているか

を1年に一度レビューする人材評価の仕組みを有している。人材の育成は同社にとっては戦略実現上最も重要な課題であり，経営者は自らの課題として人材育成に取り組み，必要となる人材要件をトップマネジメント自らが明確に定めている。

さらに，2014年，GEはこれまでの求められる人材の行動規範であったGEグロースバリューを改め，「GE Beliefs」を定めた。「GE Beliefs」のbeliefは，信念である。既存の枠にとらわれず，新しい視点で考え，行動する必要性の高まりを意識し，それに必要な5つの行動基準から成り立っている。その5つとは「顧客に選ばれる存在であり続ける」「より速く，だからシンプルに」「試すことで学び，勝利につなげる」「信頼して任せ，互いに高め合う」「どんな環境でも，勝ちにこだわる」で，顧客重視の姿勢を明確にしている。

これはGEが社内外の有識者を招き，「リーダーは何を備えるべきか」を議論し，経営者がコミットメントした形で策定しているものである。このGE BeliefsはGE全社員の人事評価指標にまで落とし込まれている。

そして，戦略を実現するためにもっとも重要な人材が求められる形で構築されているかについてのレビューを，1年に一度のセッションCにより行っている。これにより，優秀な人材を"見える化"することを狙うとともに，経営者が常に経営戦略に人材を生かすことを狙っている。

具体的には，優秀と目された人材については「ストレッチングアサインメント」により，"事業を創る"うえで，より重要かつより困難な業務に就かせることで，戦略的業務において人材の資質を引き出し，育成を行っている。クロスファンクションかつグローバル規模での経験をさせることで，トップがコミットメントした形で人材育成を実施している。

GEがこのように求められる人材要件を明確化し，事業戦略と一体で優秀人材のストレッチアサインメントを行う理由は，同社の事業が単に，ハードウェアを販売するだけではなく，機器の監視，予兆保全，運用技術への提言などICTを活用したサービス事業モデルへと大きく転換しているからである。こうした事業モデルに必要となる人材を育成するため，GE Beliefsに定めた人材像

を具現化しており，かつ業績貢献が高い人材に，重要なポジションにストレッチングなアサイメントを行うことで，着実に"事業を創る"ことを推進している。

② GEからの示唆

1) 事業戦略と求められる人材要件の明確化

GEからの示唆は，事業戦略と求められる人材要件を明確にしたことにある。つまり，ハードウェアの販売からIoTを生かしたハードとソフト，サービスを組み合わせた形での"事業を創る"モデルへの転換のために，必要となる人材像を明確にするプロセスを事業戦略の策定プロセスに融合している。これにより，着実に"事業を創る"ことを実現するための人材の獲得と育成を事業戦略と一体で推進している。

2) 事業計画と人材育成計画の融合

GEは求められる人材を着実に育成するため，ポテンシャルが高い人材を可視化し，ストレッチアサインメントを行っている。これにより，必要な重要ポジションに優秀人材の配置をし，チャレンジングなポジションを担わせることにより，人材育成を進めている。こうしたストレッチアサインメントにより，早期に優秀人材の育成を進めるとともに，"事業を創る"ことの推進状況をフォローすることで，育成状況の可視化をしている。

(2) 日立製作所

① 日立のグローバル人財マネジメント戦略

同社は重要なる成長戦略として社会インフラをその中心にすえて，グローバル規模での戦略策定と展開による成長の実現を目指している。

こうした"事業を創る"ことを着実に実現するため，同社では，トップマネジメントの強いコミットメントのもと，「グローバル人財マネジメント戦略」を策定し，これを推進する組織として，2011年7月にグローバル人財本部を設

立している。同社が狙っているのは，1）グローバルな人財共通基盤の確立，2）事業部門と連携した地域・事業特性に応じた最適な人財マネジメントの推進を目指している。

同社の特徴は日本を欧州，米州と並ぶ一地域ととらえるなど，グローバルな展開を視座の中心に添えていることである。加えて，その展開において，人事部門が事業に近い視点をもって展開していることである。あくまでも目的は事業における成功であることから，事業部門と協働で実施することを大事にし，「グローバル共通の人財マネジメントの仕組み・制度・ノウハウ」を構築し，「グローバルに展開すること」を目標に掲げている。

同社はグローバル規模での人財データベースを，人財育成・登用・処遇のグループ・グローバル共通基盤として構築し，海外の工場で生産を行う直接要員

図表3-4　日立のグローバル人財マネジメント戦略

グローバルに基準・手続を統一する部分 ／ 考え方・情報を共有する部分（具体的運用は各社）

施策／対象		一般社員	部課長	幹部	役員
・人財理念（日立コアバリュー） ・人財戦略		グループ共通理念・バリュー・戦略を策定・共有			
・トータルリワード	ジョブグレード	グローバルグレードによる共通尺度での職務等級格付			
	パフォーマンスマネジメント	共通の仕組みで評価			
	処遇・報酬	報酬情報（市場データ）を共有		共通の仕組みで処遇	
	退職金・年金・福利	重要事項は(本)で把握・認識，地域毎のベンダ共有等でコスト低減推進			
		地域毎のベンダ共有等でコスト低減推進		共通の基準・手続で採用	
・タレントマネジメント	採用・採用戦略	サーチファームとの戦略的提携			
				共通基準で異動・配置決定	
	異動・配置・キャリア開発		国を跨ぐ異動・キャリアを想定した仕組・制度を整備		
			幹部層と優秀人財は共通基準で選抜・育成		
	選抜・育成		共通経営者育成プログラム実施		
・情報インフラ基礎情報		共通データベース構築による基本的な人財情報を一元管理			
・コンプライアンス（安全・リスク・ダイバーシティ）		方針共有し，基本的な情報を一元管理			

を除く全社員を対象とした人財の"見える化"を進めている。氏名，役職区分，職種区分などで構成されているデータベースを構築し，グローバルな人財を最適配置することを目指している。

さらに，日立グループの全マネージャー以上の職務について，各職務の価値をグローバル統一基準で評価し，グレード付けを行うグローバルグレーディング制度により，人的リソースのグローバル規模での最適配分と経営幹部候補の育成を目指している。

② "事業を創る"ことを推進するためのVALUEの共有を推進

また，同社は歴史的に大切にしてきた考え方，価値観を明文化し，HITACHI VALUEとして浸透を進めている。HITACHI VALUEでは，職位や職種による細目は設けず，全社員に共通な10項目の基準を示し，管理職自らが職位や職種に応じた行動課題を分析・設定している。それは1）経営ビジョンに基づく行動，2）変化の創造と完遂，3）専門性，4）組織マネジメント，5）人材育成の5つの大項目で構成されている。

1）経営ビジョンに基づく行動は，①顧客満足，②信頼，③スピード，2）

図表3-5　HITACHI VALUE

区　分	項　目
経営ビジョンに基づく行動	①顧客満足
	②信頼
	③スピード
変化の創造と完遂	④チャレンジ，変革
	⑤組織ビジョン・事業戦略の明確化と徹底
	⑥課題の完遂
専門性	⑦専門能力と知識
組織マネジメント	⑧リーダーシップ
	⑨個の尊重
人材の育成	⑩人材の育成

変化の創造と完遂は，④チャレンジ・変革，⑤組織ビジョン・事業戦略の明確化と徹底，⑥課題の完遂，3）専門性は，⑦専門能力と知識，4）組織マネジメントは，⑧リーダーシップ，⑨個の尊重，5）人材の育成は，⑩人材の育成，で構成されている。

　HITACHI VALUE導入の背景として，同社が進めるソリューション事業への事業構造の転換がある。1999年11月，中期経営計画「eHitachiプラン」を発表し，ソリューション企業への脱皮を目指すことを発表した。こうした戦略を実現するためには，全ての管理職が共有すべき価値・行動基準を明文化し，共有を徹底することが必要となり，これを「HITACHI VALUE」と制定して，年功ではなく成果に基づいた制度を導入したことが「HITACHI VALUE」導入の背景である。その後，リーマンショックによる大幅な赤字計上に伴い，事業採算の明確化のためのカンパニー制度の導入などを推進してきた。カンパニー制度導入以降は社会イノベーション事業にリソースを集中的に投下し，グローバルでの社会イノベーション事業の拡大を行っている。これに伴い，同社ではより，グローバル規模でのHITACHI VALUEの浸透が必要となっている。同社はHITACHI VALUEのさらなる進化のため，東原社長の方針から事業部門のトップが事業における重要なる行動様式を明確化し，事業部門に浸透させることを目指している。

③　"事業を創る"ことを推進できるリーダーシップの育成

　日立が推進する社会インフラ事業では，単に製品を販売するだけではなく，情報通信技術やデータ分析など日立が持つ様々な技術や製品，外部企業とのアライアンスも組み合わせ，"事業を創る"ことを目指している。そのため，単に製品を販売するリソースとは異なり，社内リソース，外部との協業をしながら，顧客価値を創造できるリーダーシップの育成に努めている。

　そのため，日立は，経営幹部を世界規模で選抜・育成する仕組みとして「Global Leadership Development」を2012年度から日立製作所事業部門や主要グループ会社で一部運用開始した。2013年度からさらに運用対象を拡大し，

2015年度以降は，国内外の日立グループで幅広く実施している。「Global Leadership Development」は，より迅速にかつ世界規模で経営者を育成することを目的に，世界規模での重要なる経営ポジションに求められる人財要件を明確化し，「グローバル人財データベース」，「グローバルグレーディング」を活用し，経営幹部候補者の選定を行う仕組みである。

選抜された候補者は各ポジションの人財要件に加えて，コンピテンシーとパフォーマンスに基づいて評価される。この制度の狙いは，経営幹部を選抜，育成する仕組みを世界規模で共有し，世界規模でのキャリアパスを明確化することで，最適人財を重要ポジションに登用し，経営者の育成を世界規模で実現しようとしている。また，こうした制度には経営者自らがコミットメントしており，「グループコーポレート人財委員会」は経営幹部候補者の確保，育成，配置についてグローバルな規模で検討を進めることとなっている。

このように，経営者を早期に育成するため，新規事業育成や海外事業拠点でのマネジメント経験を踏ませることにより，各人の人財要件に合わせた育成をすることで，"事業を創る"ことが推進できる経営者候補の早期発掘と積極的な育成を実現しようとしている。

④ 日立からの示唆

1） グローバル規模での有望人材の可視化と最適配置を進める事業に近い人事

日立は社会インフラを重要事業領域と明確に定義し，日立が保有するICTの技術を組み合わせ，ハードウェアのみではない運用やサービスも含めた提供価値の拡大を目指している。こうした"事業を創る"ことを実現できる人材要件を明確にすると同時に，グローバル規模で優秀人材を可視化し，"事業を創る"ために重要なポジションに最適配置することを目指している。

日本企業においては人事と事業との間に距離が生じてしまうことが多いが，日立では，グローバル人財本部が事業に求められる要件を事業にヒアリングしながら明確化するとともに，優秀人材の探索と育成をグローバル規模で進めている。

2) 求められる行動規範をHITACHI VALUEとして具体化したこと

日立では，求められる人材要件を明確に行動規範に落とし込み，幹部候補人材においては評価にまで落とし込んでいる。"事業を創る"で求められる行動規範を定義し，評価制度まで落とし込んだ浸透への取り組みまでしている日本企業は非常に稀有である。

(3) 小松製作所

① コマツが進めるダントツソリューション

コマツは単に建設機械を製造，販売するのみならず，KOMTRAXによる遠隔監視，鉱山における無人運転するダンプトラックの提供など，製品の製造，販売に留まらない"事業を創る"ことを推進している。昨今は，ICT建機による情報化施工により，ダントツソリューションの実現に向けて，さらなる提供価値の高度化を推進している。

コマツは坂根社長時代からのダントツ商品，つまり他社の追随を3年許さない最新技術を搭載した商品の開発を進め，キャタピラを脅かす存在となっている。

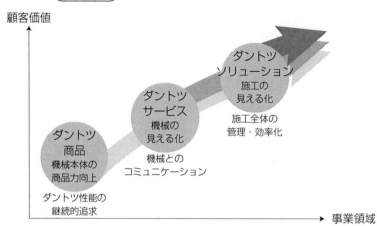

図表3-6　コマツが目指す顧客価値と事業領域推移

さらにその後，KOMTRAXでの遠隔監視によるダントツサービス，そして現在，大橋社長のもとで，さらなるビジネスモデルの進化を目指し，情報化施工によるダントツソリューションを実現しようとしている。

② コマツウェイによる人材育成

小松製作所はコマツウェイというコマツグループの全社員にとっての共通の価値観を浸透させることに，経営者が強いコミットメントをもって展開している。このようなコマツウェイによる人材育成は，コマツが全社一丸となり，顧客への提供価値を実現するための基盤となる人材を育成していくために，大きな意味をもっている。さらに，コマツウェイにおいて，ブランドマネジメントを推進し，顧客との関係性をいかに高めていくかを目標におき，"事業を創る"ことを推進している。

コマツは，売上の8割が海外事業であり，社員の53％が外国人である同社では，坂根社長（当時）が経営構造改革を達成してきたコマツの強みを継続させるため，世界中のコマツ社員が共有すべき価値観の明文化をトップダウンで行った。グローバル化に伴いさらに多様化するコマツの組織・社員の中で，脈々と受け継いでいってほしいこととして，創業者の精神をベースに，先人達が築き上げてきたコマツの強さ，強さを支える信念，基本的な心構え，それを実行に移す行動様式を明文化することにより，伝承を行い，「代を重ねるごとに強くなる会社」にしようとしている。コマツウェイは，「コーポレートガバナンスの充実のためのトップマネジメント編」，「ものづくり競争力強化のための全社共通編」があり，各部門別の内容が揃えられており，各部門が過去から伝承してきた大切にしている考え方，成功や失敗から学んだこと，受け継いでいきたい大切な考え方が明文化されている。

トップマネジメント編は部長以上の管理職，関係会社社長，現地法人社長に向けた内容となっている。顧客重視の考え方，現場主義，人材育成の考え方，コマツ語録などがまとめられており，こうした内容は海外現地法人経営者含め，同じ価値基準で事業展開を行うことを可能にしている重要なる基盤となってい

る。

　全社共通編はモノづくり7項目などコマツが大切にしているモノづくりに関する考え方の浸透を狙っている。

　コマツウェイを確実に全世界のコマツグループ社員に定着させるため，2006年7月にはコマツウェイ推進室を設置し，普及促進のための活動を継続的に展開している。歴代の坂根社長，野路社長も社員やビジネスパートナーに向けて，年に50回以上のプレゼンテーションを自ら行い，トップがコミットメントをもって展開していることが大きな特徴である。

　コマツウェイの浸透にはトップメッセージの発信，専門のコマツウェイ推進委員会にて活動方針や進捗状況を確認しながら，コマツウェイを普及させるための冊子，ビデオの作成やコマツウェイ体験事例の収集とプロモーション活動，コマツウェイサーベイなどによる現場への浸透と改善などを実現する制度の展開，個人別ミッション，業務評価などの人事制度への落とし込みを展開し，コマツが大切にしている考え方，価値観がグローバル規模で末端の従業員まで浸透するために粘り強く展開している。

③　コマツウェイのブランドマネジメントにより，顧客との関係性を尺度で明確化

　コマツは，常に顧客に対する関係性を尺度としており，顧客にとって，なければならない存在になろうとしている。コマツではコマツウェイにより，ブランドマネジメントを謳っている。販売・マーケティングの上位概念として，「顧客にとってコマツがなくてはならない存在と感じてもらう」を重要な目標と定めている。コマツは従業員に対して，行動規範としてコマツウェイを推進しており，"事業を創る"ことを推進していくために，コマツウェイのブランドマネジメントで，顧客にとってより，なくてはならない存在になろうとしている。

　コマツはこのブランドマネジメントに基づき，顧客とともに生きる存在になるために，戦略的ツールとしてのKOMTRAXの取り組みを行い，顧客理解を

図表3-7　コマツが提唱するブランドマネジメント体系

	顧客関係性7段階モデル	顧客にとってのコマツの価値
7	コマツなしでは事業が成立しない 一緒に成長したい	コマツなしには事業が成り立たない
6	コマツに何かしてあげたい 一緒に何か創りたい	コマツがあればメリットを最大限享受
5	今後もコマツを買い続けたい 今後もコマツと付き合いたい	コマツがなければオペレーションに支障
4	コマツを買ってよかった 期待どおりだ	他社よりも望ましい
3	他メーカー同様，1台くらい買おうかな	1サプライヤー
2	話くらいは聞いておこう	−（買わない）
1	出入り禁止	−（買わない）

深めている。

　例えば，ICT建機による情報化施工はさらなる高付加価値を顧客に提供し，顧客との関係性を高めようとしているものである。ICT建機を核にした「スマートコンストラクション」の推進は顧客との関係性をさらに高めようとしているコマツの企業姿勢であると思われる。建設現場で生じている，1）現場の安全性をいかに高めるか，2）熟練オペレータの不足，といった世界共通の建設現場の課題に対して，コマツは自社のみならず，外部企業とも積極的に連携をしながら解決を行うとしている。こうした企業姿勢はコマツが行っているコマツウェイに基づく価値観の浸透と人材育成によるところが大きいと思われる。

④　コマツからの示唆

1）"事業を創る"ことで実現する提供価値の明確化

　コマツはダントツソリューションなど実現したい提供価値を明確化し，どのような価値を実現したいか全社員との意思統一を常に行っている。

2) 求められる人材像をコマツウェイという行動規範まで落とし込んでいる

ダントツソリューションを実現していくため,コマツに求められる社員への行動規範の共有に努めている。その展開はグローバル規模に及んでおり,経営幹部自ら現地に赴いた社員へのメッセージ発信など徹底した推進を行っている。

3) ブランドマネジメント活動で顧客との関係性を具体化している

コマツがダントツソリューションで求められる提供価値を実現していくため,顧客とどのような関係性を構築していきたいか,コマツウェイのブランドマネジメントのなかで具体的に求める顧客との関係性を体系化している。さらに,社員が現在の顧客との関係性をレビューしながら,常に提供価値の向上による顧客との関係性向上を粘り強くフォローしている。

4 "事業を創る"人材を獲得するために

日本の製造業が過去よりソリューション事業への事業モデルの転換を標榜しつつも,実現に対して困難が伴った大きな理由として,ハードウェアやソフトウェア,コンテンツなどを顧客起点で組み合わせ,"事業を創る"ために必要となる重要なるポジションと求められる人材像を明確にできなかったこと,さらにはそうした人材の育成や獲得が不十分であったことがある。

こうした状況を打破し,"事業を創る"を推進するためには,(1)"事業を創る"ために必要となるポジションと人材要件の明確化,(2)候補人材の抽出もしくは外部からの獲得と育成,(3)戦略と人事の一体運営による人材計画のPDCAの推進,を行わなければならない。

(1) "事業を創る"ために必要となるポジションと人材要件の明確化

"事業を創る"ことを実現する人材獲得のために,必要となるのは"事業を創る"で求められる重要なるポジションと,そのポジションを果たしていくために必要となる人材要件を明確にすることである。そのためには,事業戦略の

策定において，"事業を創る"ことを推進していくために必要となるポジションと求められる役割，人材要件を人事部門と経営企画，事業部門一体となり議論を推進することが必要となる。なぜならば，"事業を創る"ため，求められる人材要件は製品事業とは異なるものであり，製品事業を推進してきた人材だけで事業モデルを転換していくことは難しいからである。

そのため，人事部門は，中期経営計画など事業計画の策定段階において，"事業を創る"を実現していくために求められる重要ポジションを明確にし，そこで求められる人材要件を明確にする。ここで求められる人材要件はなるべく具体的に明確にすることが求められる。例えば，競合他社などのベンチマークにより，"事業を創る"ことに成功している企業における重要ポジションをベンチマークし，具体的な役割を明確にすることなども有効である。

(2) 候補人材の抽出もしくは外部からの獲得と育成

必要となるポジション，求められる人材要件を明確にしたうえで，そのような人材はどこにいるのか，獲得方法の明確化を行うとともに，育成計画を構築していくことが必要となる。こうした人材要件は，過去実施してきた製品開発とは全く異なる人材要件となるはずである。

日本企業は過去，偶発的に優秀な人材がその事業にめぐり合わせていたことにより，事業成長していたという場合が多い。そうではなく，企業の意思として，"事業を創る"ことを実現するために必要となる人材要件を明確にし，その要件に合致する人材を内部から，もしくは内部に存在しないのであれば外部から獲得しなければならない。

こうした人材の獲得のために求められる人材要件に合致する人材の探索はまず，社内で常に進めなければならない。なぜならば，製造業では，優秀な人材の多くは，製品事業に隠れており，事業部門はこうした人材を囲ってしまっていることも多いからである。そのため，本社の人事部門が主導し，こうした優秀な人材のリスティングを行うことが必要となる。そのようにすることで，こうした優秀な人材に"事業を創る"経験を行わせることで，若手を育成する必

要がある。

　具体的には，社内抜擢もしくは，社外から採用したリーダーに，社内の若手人材をつけることで，"事業を創る"ことができる人材を増やしていくことも有効である。

　そのために，大事になるのが人材育成計画である。"事業を創る"ために必要となる人材要件，事業計画にあわせて，必要となる重要ポジションごとに必要となる人材規模を明確にし，社内での優秀人材のローテーションなども含め育成計画をたてる。そのためには社内のキャリアパスとして，"事業を創る"ことに携わることが，社内の人材育成上でのキャリアパスとなることを明確に位置づける。つまり，優秀な人材に対してキャリアパスとなる育成計画の一環として，"事業を創る"ことに携わらせることが人材の育成には求められる。常に"事業を創る"ため必要となる人材を明確化するとともに，外部からの獲得，必要となる人員の要件と育成計画を明確に立案し，育成状況をフォローしていくことが必要である。

(3) 戦略と人事の一体運営による人材計画のPDCAの推進

　"事業を創る"ため，必要となる人材を育成し，着実に"事業を創る"ためには，事業戦略策定と，重要ポジション，求められる人材要件を明確にし，人事部門，経営企画部門が一体となり"事業を創る"ため，戦略の推進状況と求められる重要ポジションを担える人材の育成状況を議論し，PDCAを回していくことが必要となる。

　具体的な進め方としては，中期経営計画など事業計画の進捗の確認と同時に，"事業を創る"ため，求められる重要ポジションとその役目を果たせる人材の育成状況の進捗を確認し，育成状況が芳しくなければ，内部育成のみならず，外部からの獲得比率を高め，着実なる獲得を進めると同時に，内部人材の育成を早めていかなければならない。

4 積極的に外と組む（自前主義からの脱却）

1 "事業を創る"アライアンスの必要性

　"事業を創る"を進めるにあたり，提供価値を実現するために自社の製品やリソースのみで提供価値を実現できない場合も多い。そうした場合，外部のパートナーとアライアンスすることが必要となる。

　なぜならば，自社が実現したい提供価値を実現するためには，製品のみならず，運用やサービスを組み合わせなければならないからである。

　このようなアライアンスが必要になっている背景には，製品中心に考えていては，顧客に対する価値を訴求し，競合に差別化することが難しくなっているからである。

　例えば，重電業界の新興国事業では，これまでの先進国事業のように大型の発電設備を販売するのではなく，中小型の発電エンジンにより電気を作り出すサービスを提供することが求められることもある。この際の提供価値は顧客が直接必要としている電力サービスであるが，それを実現するためには，ファイナンスのパートナー，設置工事をするエンジニアリングパートナー，燃料調達をし，発電エンジンを動かすことで，電力を供給するパートナーなどが求められる。つまり，"事業を創る"には，製品販売のモデルよりもビジネスモデルを構築する要素が多くなり，自社だけでは顧客に対する提供価値を実現することが難しい。

　過去のように，自社製品にこだわり，自前主義になることを避け，顧客への提供価値を実現するために，必要となるものを積極的に外部に探索し，自社のものと組み合わせ，提供価値を実現することが日本企業により一層求められて

いる。

2 アライアンスプロセス

　アライアンスを推進するには(1)メガトレンドから重要な技術領域の明確化，(2)策定された戦略とビジネスモデルに基づくアライアンスパートナーの選定基準の明確化，(3)アライアンスパートナーの選定と協業の実施が必要となる。

(1) メガトレンドから重要な技術領域の明確化

　アライアンスを進めるためには，重要なるトレンドや技術領域を明確に定めることが必要となる。例えば自動車であれば先進運転支援システム（ADAS）などの自動運転を実現するために，レーザーレーダー（LIDAR），ミリ波センサー，画像認識などの技術は重要である。こうした技術領域を明確にして，常に定点で当該技術領域の動向，重要プレイヤーの動きをモニタリングしておく必要がある。重要なのは常に何が自社にとっての重要技術であり，何を獲得することが必要であるかを明確化することである。できれば，メガトレンドは中期経営計画策定と合わせるなど3～5年の周期で実施するとしても，重要なるトレンドと技術領域についてのレビューは毎年実施するのが望ましい。特に技術領域は進展が早く，プレイヤーも再編などを経ながら変化していくからである。こうした動向を定点で確認することが重要である。

(2) 策定された戦略とビジネスモデルに基づくアライアンスパートナーの選定基準の明確化

　メガトレンドの策定を行ったうえ，アライアンスパートナーの選定基準を明確に定める。重要な技術領域，サービス事業，保有している顧客基盤，人材など何を選定基準とするのかを明確にすることが必要となる。
　何をアライアンスパートナーに求めるのか，協業することによって，どのようなシナジーを創出するのかを明確に描くことが必要となる。相手に期待はす

るが自社がもたらすものがないのではアライアンスは成り立たない。したがって，アライアンスすることにより，どのようなシナジーを創出するかを明確に描いたうえで，相手に何を求めるのかを明確にし，アライアンスパートナーの選定基準を明確にしなければならない。

(3) アライアンスパートナーの選定と協業の実施

(2)で定めたアライアンスパートナーの選定基準に基づき，アライアンスパートナーの選定を行う。アライアンスパートナーの選定基準に基づき，必要となる人材，顧客基盤，技術を保有している企業を選定していく。選定は公開情報，外部を使ったヒアリングなども行い，候補企業をある程度絞ったあと，直接面会をしながらリソースの確認をしていく。具体的には，候補企業と協業を実施し，相手先企業の評価を協業しながら進めることも有効である。

なぜならば，アライアンスパートナーの評価は実際に協業をしないと評価しきれないことも多い。したがって，技術リソース，顧客との関係性の強さ，サービスにおける組織能力等について事業を推進していきながら，評価していくことが必要となる。

3 先進事例

先進事例として，(1)エマソン・エレクトリックによるデジタル化戦略，(2)シーメンスのIoT戦略がある。

(1) エマソン・エレクトリックによるデジタル化戦略

エマソン・エレクトリック（以下，エマソン）は，米国ミズーリ州セントルイスに本拠を置くグローバル企業である。1890年に交流モーターの製造会社として発足して以来，126年の歴史を持ち，世界的な大手電気電子機器メーカーへと成長を遂げている。現在では，産業用から一般消費者用に至るまで，広範な電気・電子機械機器等の設計・開発・製造及び販売を行っている。その売上

高は，2016年度で202億ドルとなっている。

① エマソンが実施した積極的M&Aによる分散制御システムの実現

エマソンのプロセス・オートメーション事業は，経営者が顧客価値起点に基づいた大胆な戦略を描き，買収を推進することで，グローバル市場でリーディングポジションを確立していった。

1970年代はじめ，プロセス・オートメーション事業は，ハネウェル，横河電機など大手に対して競争力を有している状態ではなかった。エマソンの当時の中心事業はモーター，建築関連製品，工具，モーター制御装置であったが，エマソンの経営幹部はプロセス・オートメーションが将来大きく成長する事業であることを認識しており，事業成長のためには買収が必要と考えていた。

そこで本社企画部門を中心に，買収の対象企業を探し，1976年，圧力センサーの最大手であるローズマウントの買収を行うことを決定した。ローズマウントは，プロセス計装の製造における世界的なリーダーであり，製品には，圧力，温度，レベル，流量の各用途を対象とする計測ソリューションがあった。

エマソンはこの買収により，プロセス・オートメーション市場のうち，計測分野において，強力な地位を確立することができた。さらに買収後は，エマソンが保有する業績管理のノウハウで事業改善を繰り返して，計測分野における市場でのポジションを高め，事業は急速に拡大した。さらに，1984年に次世代の流量計においてリーディングポジションにあったマイクロモーションを買収するなどの買収を進め，計測分野で主要なプレイヤーとなった。

エマソンは計測分野での市場地位を高めると，制御システムの領域に参入することにより，さらなる事業成長を目指していく。当時，制御システムの市場では，強いポジションを築けていなかったため，制御バルブでは弱い地位に甘んじていた。

そこで，本格的な市場参入を目指し，1992年にコントロールバルブ・レギュレータに強いフィッシャーの買収を行った。これにより，コントロールシステムがより効率的に機能するような設計が可能となった。結果，高価な集中制御

型のシステムはコンパクトになり，サーバー・ベースの分散制御システムは，顧客の生産性向上とコスト削減を実現した。

このように，エマソンはデジタル化が進むプロセス・オートメーションにおいて，従来の中央制御方式から分散制御方式を競合よりいち早く提案していくことによって，提供価値を高めていった。

② 徹底したプロセス管理によるPMI

エマソンの大きな特徴は徹底したマネジメントプロセスにある。

エマソンにはスコアカードと呼ばれるマネジメントプロセスがある。同社は常にスコアカードを用いて，各事業のプライオリティを明確にし，組織としての活性化を行っている。

具体的には，エマソンは，フィッシャーなど企業買収後，獲得した事業のレビューも繰り返している。具体的には，PMI（ポストマージャーインテグレーション）の管理指標を用いて，買収で狙う効果に対するレビューを行い，効果

図表3-8　エマソンのPMI管理指標

	業界を変革する技術	世界市場での活動	顧客との親密なインターフェースの維持	ソリューションとサービスの提供	資本効率と経営効率
プロセスマネジメント事業	☑	☑☑	☑	☑☑	☑
空調制御事業	☑☑	☑☑	☑	☑	☑☑
ネットワーク・パワー事業	☑☑	☑☑	☑	☑☑	☑
家電用機器事業	☑	☑☑	☑	☑	☑☑
ストレージ・ソリューション事業	☑	☑	☑☑	—	☑
モーター事業	☑	—	☑	☑	☑☑
業務用工具事業	☑	☑	☑	—	☑
インダストリアル・オートメーション事業	☑	☑	☑	☑	☑

を獲得するために組織として何に取り組むべきかを明確にしている。

このようにPMIを徹底してプロセス管理することで，その成果として，プロセス・オートメーション業界に新しい規格とオープンシステム・アーキテクチャーをつくり上げていった。それにより分散制御システムを開発し，業界のパイオニアとして，プロセス・オートメーション市場で強いポジションを築き上げることが可能となったのである。

③ エマソンからの示唆

1) 自社の提供価値実現のためのアライアンス戦略

エマソンの経営幹部は将来，プロセス・オートメーション事業が大きく成長することを見越し，圧力センサー事業（ローズマウント），次世代流量計事業（マイクロモーション），コントロールシステム事業（フィッシャー）と買収を繰り返している。さらに同社において着目すべきは，デジタル化で大きく変化していくプロセス・オートメーション事業を見越し，デジタル技術を使ってプロセスの最適化とフィールドデバイス（現場機器）の遠隔監視による予兆保全を組み合わせ，制御からフィールドデバイスまでの一貫したビジネスモデルを構築したことにある。常に顧客にとっての価値をいかに創出するかを考え，その価値をわかりやすく伝えられるようにビジネスモデルを構築していった。

2) 徹底したPMIでのプロセス指標管理

エマソンは買収した企業を活用して，提供価値を高めていくため，徹底したPMIでのプロセス管理を行っていった。具体的にはスコアカードによるマネジメントプロセスにより，各事業のプライオリティを明確にし，フォーカス領域を明確にした形で，買収後の統合を進めている。

(2) シーメンスのIoT戦略

① インダストリー4.0による生産革新の実現

今ドイツは国を挙げてインダストリー4.0というプロジェクトに取り組んで

いる。

　今までIT産業では，GoogleやAmazonなどの米国企業が圧倒的な強さを発揮し，業界の標準を作ってきた。こうした動きに対してドイツ政府は，製造業においてはICT技術（情報通信技術）を生かして生産性の革新を起こし，「標準」を作ろうとしている。

　製造業において第一次革命は産業革命である。蒸気機関の発明により，手作業を機械化することに成功した。第二次革命は20世紀初頭，電気による大量生産技術を実現した。第三次産業革命では電子技術と情報通信技術により生産自動化が進んだ。その後に続こうというのがインダストリー4.0である。つまり，「第四次産業革命」を意味しており，ドイツはインダストリー4.0のプロジェクトで世界に第四次産業革命を起こそうとしている。

　このインダストリー4.0は，ICTの利用により，インテリジェントな監視システムや自律システムを工場の内外とインターネットで繋げることにより，製造業のビジネスモデルを変えてしまうインパクトを持つものである。

　具体的には，生産プロセスのすべての要素，例えば製品の部品や製造装置にIPアドレスを割り当て，それぞれの情報をリアルタイムで収集・管理をすることで，市場ニーズの変化や物流状況など外部環境の変化により柔軟に対応する。これにより，開発や製造，生産管理などのプロセスの最適化を実現しようとしている。結果，工場の生産性向上，在庫の減少等製造とサプライチェーンの最適化とコスト低減を進め，収益の増大と顧客満足の向上を図ろうというものである。

② **提供価値実現のためのアライアンス**

　シーメンスはこうしたインダストリー4.0のプロジェクトに最も積極的に参画している企業である。同社はデジタルエンタープライズ・プラットフォームという構想を掲げて，インダストリー4.0を実現すべく，企業買収を繰り返してきた。具体的には工業製品を包括的にデジタル化する設計環境への実現を狙い，15年で約1兆円をかけて，PLC（制御システム）・品質管理・MES（生産

実行システム)・CAD（コンピュータを使ったデザインシステム），PLM等のソリューション企業を買収している。

図表3-9 2012年以降シーメンス　インダストリー部門が実施した主な買収

領域	会社名	被買収企業の特徴	時期
PLM（Product life cycle management）	KINEO CAM	モーションプランニングソフトウェア大手	2012年
3D可視化技術	VRcontext	複雑なエンジニアリングデータの三次元可視化技術開発及び教育ソフトウェア	2012年
品質・生産管理	IBS AG	品質・生産管理ソフトウェア	2012年
製品設計	LMS International NV	メカトロニクスのシミュレーション・ソフトウェア大手	2012年
PLM（Product life cycle management）	TESIS PLMware	ＰＬＭソフトウェアと他のエンタープライズ向けアプリケーションの統合で高い評価	2013年
製造実行システム（MES）	Camstar Systems, Inc	生産実行システム（MES）市場のリーダー企業	2014年

　シーメンスはICTを活用することでインダストリー4.0による製造業へのプロセス改革を実現しようとしている。自社のみならず，ボッシュなどのドイツの優良企業と連携し，IoTを活用したプロセス改革の実現を行おうとしている。
　"事業を創る"には，ICTを活用し，各種機器や製品，仕掛品にセンサーをつけ，モノの流れをリアルタイムで把握し，顧客側のニーズ情報と適合することで，より市場ニーズにあった製品開発，マスカスタマイゼーションを実現している。

③ シーメンスからの示唆

1) 国と連携した形での大きなビジョンの策定と必要となるリソースの買収

シーメンスからの示唆は国家規模での大きなビジョンを示し，インダストリー領域で必要となるリソースの買収を長い年月をかけて着実に進めている。しかも，国との連携を深め，インダストリー4.0のビックピクチャを現実のものとするための買収を進めることで，買収をするのみならず，仲間作りを進めている。

4 "事業を創る"ためのアライアンスを成功に導くために大切なこと

"事業を創る"ことを推進するため，アライアンスを成功に導くには，(1)戦略策定とPMIにおける体制の一貫性，(2)戦略を実行に落とし込める着実なるPMIプロセスが求められる。

(1) 戦略策定とPMIにおける体制の一貫性

"事業を創る"ための戦略策定とPMIの一貫性を持つことが大事である。

そのため，アライアンスを推進する検討体制は非常に重要である。つまり，"事業を創る"ための戦略策定を行う部隊とPMIを行う部隊は一貫性を持つことが望ましい。なぜならば，買収を推進したあと，PMIは改めて別部隊となるとPMIを行う部隊は自らで検討を進めたというオーナーシップをもたないことが多い。自らの案件として，アライアンス戦略から検討を進めることにより，自分が進める案件として戦略検討を行い，"事業を創る"担当者がアライアンス戦略策定からPMIにおける買収後の統合まで一貫して行うことが必要となる。

そのために"事業を創る"ことで，実現したい顧客への提供価値を明確に定め，アライアンスにより，その提供価値を実現するために，開発，生産，営業，マーケティング，人事，経理などの各部門が明確なる役割を持ちながら，PMIを着実に推進し，シナジーを実現するのかを検討し，落とし込みを着実に実現

していく。

(2) 戦略を実行に落とし込める着実なるPMIプロセス

PMIにおいては，①戦略統合，②それを実現するための業務プロセス統合を行っていくことが必要となる。

① 戦略統合

"事業を創る"ことで，何を実現したいのか，その目的と買収において，実現したい事業戦略を買収した企業と議論し，二社が共同で実現していく事業戦略を一緒に描きだすことが求められる。なぜならば，買収した日本企業がすでに策定済みの中期経営計画などの説明を被買収企業に行っても，その策定プロセスに携わっていないため，被買収企業が自分たちの実現する戦略として，具体的なアクションに落とし込めないことも多い。これでは，買収前に策定したアライアンス戦略と一貫した形で，PMIを進めることができない。つまり，買収した目的を果たすことができない。どのような"事業を創りたい"のか，顧客への提供価値，競合への差別化を"事業を創る"戦略として落とし込むためには，まずは買収企業，被買収企業の両社が事業環境についての共通の認識を持つことが必要となる。例えば，SWOTなどのように事業機会，脅威，被買収企業の強みと弱み，さらには買収企業が被買収企業の弱みをいかに補い，さらに強みを強化することができるのか，それを議論し，共同作業として，戦略を策定していくことが求められる。こうした過程はワークショップのような形で行われることが効果的である。

多くの日本企業において，この戦略統合のプロセスが十分でないため，買収後しばらくしても被買収企業は，戦略を共有し，一緒に進めているという感覚を持ちえず，被買収企業から，"予算目標だけ与えられているが戦略の共有をされたことはない"という言明をされることも多い。実際，弊社が行ったPMIのプロジェクトで，買収後，数年してからのPMI戦略策定プロジェクトでは，被買収企業からそのようなコメントを受けることが多い。

戦略統合とは，できた事業計画を渡して説明することではなく，市場環境の理解を共有し，同じグループ企業として強み，弱みを理解したうえで，共同作業として戦略を策定することにある。被買収企業と同じ戦略を共有し，戦略を推進していくためにも，戦略統合がその基盤を構築するものであると認識をし，取り組むことが必要である。

② 業務プロセス統合

　業務プロセス統合は二社で議論し策定した戦略を具体的に進めるため，営業，マーケティング，商品企画，研究開発，生産，人事，経理，情報システムなどの各部門が，戦略を実現するために，具体的にどのような業務プロセスを進めるべきかを落とし込むものである。

　"事業を創る"ため，どのような提供価値を実現したいのか，その戦略を実現するために，各部門は何をしなければならないかを具体化するものである。その際，バランススコアカードなどのフレームワークを用いることも有効であるといえる。実際，弊社が実施したPMIプロジェクトの多くは，業務プロセス統合に，バランススコアカードを用い，各部門で行うべきことを明確にしている。つまり，重要なことは"事業を創る"ことで実現したい戦略と各部門が行うべきことが一貫した流れで，かつ戦略の推進状況をモニタリングするため，各部門がKPIを落とし込み，PMIを推進していくエグゼクティブコミッティ，PMOなどがその状況を監視しながら着実に進めることが求められる。エグゼクティブコミッティは両社の社長もしくは買収企業であれば担当事業部門のトップ，など経営陣で構成し，PMOは推進エンジンとして，肝となる部門のトップ（経理，開発，生産，営業，マーケティングなど）が入り，部門横断の視点でPMIの進展を推進，モニタリングする。また，各部門の分科会では，各業務の統合を進めるが，PMOでは部門だけでは部分最適な推進になり，本来の"事業を創る"ための戦略推進において，不適合が生じると考えた場合は，PMOが全体最適の視点で，経営陣が意思決定できるように材料を集め，エグゼクティブコミッティで意思決定を促していくことが必要となる。

日本企業は，PMIにおいては，相手企業を尊重するため，兎角ハンズオフ（相手先企業への介入を最小限とする）なマネジメントとなることが多い。しかしながら，着実に"事業を創る"ためには，被買収企業と戦略を共に策定し，着実に実行していける形に業務を落とし込まなければならない。

5 事業に強い情報システム部門を創る

1 "事業を創る"におけるICT基盤の重要性

　"事業を創る"ためには，製品のみならず，オペレーションやサービスを組み合わせて顧客に価値提供するため，顧客の業務まで踏みこんで理解することが必要となる。そのためには，顧客との接点を統合した顧客情報の管理が必要である。また，顧客の業務や機器の運用まで踏み込んだ顧客理解を進めるためには，顧客に導入されている機器の稼働情報を分析し，オペレーションの効率性を高めることが必要となる。

　このように製品を供給するだけではなく，顧客の資産を最適化，運用を支援するなどの顧客の業務プロセス構築を支援する価値を本書ではプロセス価値と呼ぶ。こうしたプロセス価値を提供するにはICTの技術が不可欠となる。

　なぜならば，"製品を造る"とは異なり，"事業を創る"では，Ｍ２Ｍ（マシーン・トゥ・マシーン）による機械稼働状況の監視や顧客の情報の一元管理により，顧客への理解を深め，製品とソフトウェア，サービスなどを組み合わせることで事業を創り上げることが必要だからだ。

　このように，製品，ソフトウェア，サービスなどの各種要素を結びつけるためには，顧客がどのような悩み，課題を保有しているかについて，深い理解が求められる。顧客の悩み，課題に対して仮説を立て，検証するには顧客の接点で獲得できる情報を統合的に管理していく仕組みが必要となる。そのためには顧客の事業における要件定義ができるICT部隊が必要となるであろう。そのうえ，顧客の声を収集し，分析する仕組み，機械の稼働情報を収集し，分析する仕組みをICT基盤として構築することが必要である。

2 先進事例

先進事例としては，(1)コマツのKOMTRAXとICT建機，(2)GEのインダストリアル・インターネット，(3)日立が実現を狙っているICTを活用した事業戦略などがある。

(1) コマツのKOMTRAXとICT建機

① KOMTRAXの導入経緯

コマツはKOMTRAXにより，「建機を売る」から，「建機のモニタリングを行い，位置，稼働情報等のデータを使って保守による囲い込み，保守効率の向上をさせる」までの"事業を創る"ことを実現している。

90年代末，自動車市場においてカーナビゲーションが台頭し，GPS（全地球測位システム）技術の民間利用が進んだ。こうした技術進化をとらえ，KOMTRAXは当時の技術本部によって発案された。当初はシーズベースでの開発であったため，ニーズとのマッチがなく，頓挫しかけていたが，その後当時のビッグレンタル社長（現・コマツレンタル）がその可能性を見出し，活用を始めたことがサービス発展の発端となった。

坂根社長（当時）の指示のもと，顧客からみた価値がわかりにくく，単なる追加コストでしかなかったKOMTRAXについて，経営企画中心に価値に関する検討がなされた。その結果，坂根社長は「位置とメーターがわかるだけでもコマツのサービスは大きく変わる」という判断を下し，その指示でコマツ費用でのKOMTRAX標準搭載（国内）が決定された。

これを受けて国内での導入が始まったが，当初は搭載台数と搭載機種が少ないこともあって，「データが取れない機械のほうが多いのに，仕事のやり方は変えたくない」といった反発も多く，データの活用はなかなか進まなかった。

しかし2004年に中国でのKOMTRAX導入が始まると，その価値は大きく開花した。その当時，中国市場は代理店体制を整備したばかりでシステムがまったく整っていなかった。そのため，KOMTRAXにより機械が管理でき，シス

テマティックに稼働データが取得できることには大きな意義があり，中国での本格的な活用が始まった。その後，中国事業においては，債権の不払い顧客に対して，KOMTRAXのロック機能により，建設機械の始動を遠隔から止めることによる代金回収や，建機稼働情報で仕事の有無を確認することによる返済リスク管理など，新しいデータ活用もなされていった。

　翌2005年には，グローバル規模でのKOMTRAX展開のためにKOMTRAX推進室を開設。2006年からは，KOMTRAXの本格的なグローバル展開が始まった。推進室はマーケティング本部の一機能としてスタートしたが，その後，2012年にマーケティング本部から独立してICT事業本部となり，機能強化された。また，推進室はKOMTRAXのプロモーションを行うことが主なミッションであったが，その後，販売・サービスのみならず，開発，生産での活用ニーズも集約し，活用側の考える事業構想から逆算したシーズの検討，それに基づくサーバー開発部門への開発要件の整理を行うなど，ビジネスモデル全体を企画開発する部隊へと発展していった。

　KOMTRAXは，機械の稼働状況を常時把握できることで，顧客に対する保守サービスを飛躍的に向上させられるだけではなく，顧客自身が「ビジネスの見える化を支援する武器」として利用でき，コマツのブランド価値向上に貢献している。

　さらに，データマイニングに対しては，大型機械に関するさらにきめ細かいデータを収集するKOMTRAX Plusを開発している。また，大型ダンプトラックの無人運転を実現して，鉱山会社とオペレーションに対するKPI（重要業績評価指標）を共有しながら，鉱山運営の一角を担うなど，顧客にとって高いレベルでの鉱山運営サポートを行おうとしている。このように，コマツは様々なICTの活用を進め，多くのデータを収集・分析することによって，組織一元的により高い次元での提供価値実現を目指している。

　コマツがKOMTRAXを実現できたのには，坂根社長（当時）の強いリーダーシップはもちろんのこと，当社が持つ組織・文化が大きく影響している。コマツはQC（品質管理）を重視するDNAを保有しており，FACT（データ）

に基づいて事業に関する判断，さらには経営判断を行おうとする風土があった。KOMTRAXから上がってくる機械稼働情報は，市場での機械の動き＝FACTとしてとらえ，全部門で活用されることとなる。

　こうしたDNAは「コマツウェイ（コマツグループすべての社員が永続的に継承すべき価値観）」としてまとめられているが，その中の1つにブランドマネジメントがうたわれている。コマツのブランドマネジメントはマーケティングの上位概念として，いかに顧客に「コマツをなくてはならない存在として感じてもらえるか」を重要な目標としている。そのブランドマネジメントの考えに基づき，顧客とともに生きる存在になるため，コマツはKOMTRAXを戦略的ツールとして提供価値を昇華していくことに成功していった。

　KOMTRAXによって現場機械稼働の「見える化」が実現したことで，コマツは市場動向に敏感な体質を強化し続けている。さらに代理店に関しては，業務の効率化，サービス品質の向上を成功させ，顧客に対しては稼働の見える化，稼働率向上，オペレーションコストの削減を提供している。コマツはICTを活

図表3-10　顧客とコマツグループの関係性相関チャート

理想 Vision	究極的なありたい姿（長期的）
使命 Mission	ありたい姿の実現に向けて満たさなければならない条件（中期的）
目標 Goals	上記を踏まえた具体的な達成事項（短期的）
決意 Determination	顧客とコマツの関係性をレベルアップさせる鍵（トップの方針）
能力 Capability	経営資源を単独もしくは総合化して顧客目標実現のために発揮する能力
経営資源 Asset	グループ内に存在する資源（強み）：技術，開発力，ノウハウ，仕組み，体制

用することで，常に顧客の業務プロセス効率化，生産性向上を実現し，組織的に顧客関係性の強化を進めている。

② ICT建機による情報化施工

コマツはさらなる高付加価値型の"事業を創る"ことを実現するため，ICT建機での情報化施工，ICT建機を核にしたソリューションビジネス「スマートコンストラクション」（以下，スマコン）を推進している。

スマコンの基本思想は建設業界の顧客が抱えている2つの課題を解決することにある。それは1）現場の安全性，2）熟練オペレータの不足で，これらは世界共通の課題である。例えば1）の建設現場の安全性をいかに高めるかということは，先進国でも新興国でも同じニーズが存在している。建機の事故，機械の周囲にいる補助作業員を巻き込む事故の撲滅は，最優先課題である。さらに，2）の熟練オペレータの不足は世界規模で大きな課題となっている。東北の復興需要やオリンピック特需で建設需要が盛り上がる日本はもちろんのこと，その他先進国でもオペレータが不足している。さらに，新興国市場ではインフラなどの建設需要が先進国よりも旺盛であり，先進国にも増して慢性的に建機のオペレータ，とくに熟練オペレータは圧倒的に足りていない。大きい建機を使えるオペレータの育成も追いついていない状況だ。

そこでコマツは，世界共通に存在する建設業界の課題に対して，どのようにしたら解決できるか検討を重ね，その結果，機械の自動化で機械施工の効率を上げるだけでは顧客の課題解決にならないと気づいた。そして，建設工事の調査，設計，施工，監督，検査，維持管理という生産工程において，GNSS（汎地球測位航法衛星システム），無線LAN，インターネット，パソコンなどの情報通信技術を使って，各工程から情報を収集し，そこから得られる情報をつないで，高効率・高精度の施工を行う生産工程全体の生産性の向上や品質の確保等を図るシステムの構築が必要だとして，これを実現しようとしている。

このシステムの核となるのがコマツのICT建機である。例えば，ブルドーザのブレード（排土板）を，GNSSを利用して自動制御することで，オペレータ

の操作を簡素化することができるという。施工した排土板の軌跡やブルドーザの履帯の位置がGNSSでわかっているということは，施工後の地形（出来形）の情報を機械から取ることも可能となる。

　これによって，建設会社では３D図面と施工後の現況地形を比べれば，工事の進捗状況を把握することができるようになる。熟練オペレータでないとできないといわれていた複雑形状の高速道路の法面作業や溝掘削工事などが，ICT建機による情報化施工の活用で，安全性を担保しながら熟練ではないオペレータでも可能となる。つまり，作業効率と施工精度の革新的な向上が期待できるのである。

　また，工事において発生する丁張り（建築工事を行う前，建物の正確な位置を出す作業）などの付帯作業が不要になる。測量して図面情報を示す丁張りを打つ作業の間，機械は止まることになるし，これらの付帯作業は機械の周辺で行われることもあるため，効率の面でも安全性の面でも課題があった。ICT建機による情報化施工はこうした付帯作業を最小化し，工事の安全性を飛躍的に高めている。

　さらに，コマツが提供するICT建機は，機械施工の生産性を飛躍的に高める。例えばブルドーザは大型工事では圧倒的な生産性を持つ機械であるが，油圧ショベル，グレーダなどと比べて操作が難しく，一人前のオペレータになるのに通常３年の経験が必要とされる。そのため，他の機械ほどオペレータがいないという実情がある。そこで，コマツのICTブルドーザは熟練オペレータでなくても操作を可能にした。なぜならば，コマツのICTブルドーザは，粗掘削から整地まで一連の作業をすべて自動で制御する世界初の機能を搭載したからである。オペレータはブレード操作を機械に任せて，機械の前進・後進の操作をするだけで高精度な仕上げ作業までを実現できるようになった。結果ブルドーザ施工の飛躍的な生産性向上が可能になった。

　こうしたICT建機から得られる情報・作業記録を活用することにより，施工精度・品質も向上し，検査情報も得られるなど，施工側の作業も軽減され，発注者・受注者間で，計り知れないメリットがある。

⑵ GEのインダストリアル・インターネット

　GEはICT技術を活用し，データを徹底分析することによって"事業を創る"ことを進めている。

　かつてGEは，GEキャピタルによる金融事業において，大きな事業収益をあげていた。しかしながらリーマンショック後，その事業収益のボラティリティの高さから，金融事業への依存度を急速に下げ，製造業に再びフォーカスしている。

　GEは，2012年11月にICTを活用した生産性向上，コスト削減を支援する産業サービスとして「インダストリアル・インターネット」の概念を打ち出した。一般にICTの活用で想定される「システムからの業務効率化のアプローチ」ではなく，「M2M（マシーン・トゥー・マシーン）に人の判断やアクションを掛け合わせるアプローチ」で顧客の生産性向上，コスト削減に資するサービスの提供を全社的に展開している。その効果は2025年までに世界経済の約半分にあたる業種（生産高82兆USドル）に適用され，2030年に5.3兆USドルの付加価値をもたらすと発表した。それによって，インダストリアル・インターネットの知名度は一挙に上がった。

　例えば航空業界では，現行，飛行機の遅延や燃料消費，飛行ルートの制約によって，18.2％の非効率が生じている（国際航空運送協会，米国連邦航空局推定）。そこでGEは，目的地へ安全かつ遅延なく到着するための「飛行効率を高める予測モデルの作成」「GEの機体に搭載する飛行管理システムの開発」を目指している。

　また，ヘルスケア業界においては，業務非効率に伴い，年間7,500億〜1.2兆USドルの無駄が発生しているとの試算がある。この無駄を削減するためGEは，病院関係者がより多くの時間を患者に充てられるよう，「入院・治療・退院プロセスの改善」「業務管理の質を高める患者向けのアプリケーションの設計」を進めようとしている。

　航空やヘルスケア以外にもGEは，エネルギーや運輸，製造業などを対象に

ソリューションをつくり上げることを志向している。いずれも自社の機器の効率改善ではなく，機器を使う顧客にベネフィットを提供するためのソリューション開発が重視されている。

GEのインダストリアル・インターネットの推進は，「①自前主義からの脱却」「②トップ主導で"事業を創る"」「③ICT部門の強化」によるところが大きい。「①自前主義の脱却」として，GEは，「機械の開発者と，集めたデータをうまく解析できる人材（いわゆるデータサイエンティスト）が新しいアイデアや観点，分析に関するアプローチを生み出すことが重要」とし，アイデアを公募している。実際，先述した航空のテーマは「Flight Quests」としてホームページで公開され，よいアイデアには合計100万USドルの報酬と，システム開発における各種支援を提供するとしている。また，ヘルスケアのテーマも「Hospital Quest」として公開され，よいアイデアには合計10万USドルの報酬とアプリケーション開発における支援が提供される。さらに，ビッグデータの解析に強いKaggleなどと協力関係を構築することで，テーマにあうソリューションの実現に向けた具体的な推進を行っている。

「②トップ主導で"事業を創る"」についての取り組みとしては，インダストリアル・インターネットに関する活動のレポートラインを全社CEOに寄せている。インダストリアル・インターネットの実務は，GE本体のグローバルリサーチセンター（GRC）にいる研究員が主体となり，事業部門にいる研究者と協力しながら検討を進めているが，その結果は部門のCEOではなく，GRCを経由して全社CEOに報告される体制が整えられている。

事業部門ごとにレポートラインをつくった場合，短期的に成果の出ないソリューションは，得てして予算がつかないという結果になりやすい。それを全社CEOがレポートラインを持ち，インダストリアル・インターネットに強くコミットすることで，複雑かつ大規模な組織においてもトップダウンを利かせることができるようにしている。

「③ICT部門の強化」として，GEはグローバルソフトウェアセンターの人員を拡大している。インダストリアル・インターネットを展開するには，蓄積さ

れたデータの解析・活用が重要となり，データ解析ができる人員の増強が必要となる。GEはインダストリアル・インターネットを打ち立てる以前の2011年11月より，新たなグローバルソフトウェアセンターを稼働し，その際，400名のソフトウェアエンジニアを雇い入れている。また，ハイテク企業からデータサイエンティストをスカウトし，独自の教育プログラムを使って社員の育成を行っている。

　GEと米国Pivotal社は初の産業用データ格納アーキテクチャである「データレイク」を展開している。Pivotal社は米国のストレージソリューション大手であるEMC社とVM WARE社が共同設立したクラウド型データ分析企業である。

　「データレイク」によって，インダストリアル・インターネットに繋がった航空機エンジンや発電機などのハードウェアから収集する膨大な情報を格納・管理し，さらにそこから得られる洞察結果によって様々なオペレーションの向上を提供しようとしている。

　例えば航空分野においては，300万回分を超えるフライトを追跡し，340TB（テラバイト）分のフライトデータを格納する産業用データレイクの例では，すでに，データ・ウェアハウス型の従来手法に比べ，分析処理速度を2,000倍も向上させ，分析コストは10分の1に削減できるという。さらに，従来なら1ヶ月かかっていた複雑なタスクもわずか20分で高速処理することが可能になるとしている。

　GEソフトウェアの責任者ビル・ルーによると，既存ツールでは十分な分析ができていなかったため，ビッグデータを生かしたオペレーションの改善までは行えていなかったという。また，コンピュータ・サイエンティストで，航空機エンジンメーカーGEアビエーションのチーフ・テクノロジー・オフィサーであるデイブ・バートレットは，「産業用データレイクは企業にとって将来の課題を予測し，機器や設備をより効率的・持続的かつ高収益なかたちで運用するのに有用だ」と発言している。このほか，インフラ機器メーカーであるGEが，顧客に提供する保守サービスを向上させるうえでも有益であり，これによ

りGEはさらなる高い収益率を実現することができる。

　すでに25の航空会社が，彼らが所有する航空機をよりよく維持・管理するために，GEとPivotal社のデータレイクにデータを送信している。この強力なシステムによって，整備士はより的確な性能異常分析が可能になる。例えば，航空機エンジンが通常より高温を報告した場合，エンジンの機種や使用年数，整備実績，その他の多くの要素に基づいて，データレイクからインサイトを模索し，即座に過去の類似案件を見つけ出すことによって対応策を見出すことができる。

　この産業用データレイクは，GEの産業用ソフトウェア・プラットフォーム「Predix」や，オープンソースの「Apache Hadoop」のような大規模な並列処理アーキテクチャシステムと連動している。

　そして，インダストリアル・インターネットが実現するオペレーショナルテクノロジーによってもたらされる効用は，その領域を航空，電力，医療，鉄道，石油とガスなどの業界に広げている。

　GEの公開資料によると，インダストリアル・インターネットによって，航空機エンジンの燃料消費や長距離貨物列車の運行システム，火力発電の燃焼効率をわずか1％改善するだけで年間およそ200億ドルの利益を生み出すことになるとしている。

(3) 日立製作所によるICT基盤を使った事業展開

　日立製作所は，2009年より，自社の事業の中心的ドメインを電力や情報通信，交通，環境・産業，情報通信からなる社会イノベーション事業とすると宣言した。同事業の1つの指標となるサービス売上高比率も，「2015中期経営計画」の中で30％（2012年）から40％超（2015年），さらには2018年度までの中期経営計画で50％超まで高めようとしている。

　例えば鉄道システム事業においては，2012年に英国運輸省からIEP（都市間高速鉄道計画）における車両リース及び保守サービスを受注し，ほぼ同時期に運行管理システムのプロトタイプも受注している。また2013年にはベトナム

ホーチミン市にて車両，信号・通信システム，受変電設備などを一括受注する成果を出している。

　日立製作所の，このような製品だけではなく，一括で顧客の業務を支えるプロセス価値（プロセス価値とは，B2Bにおいて，製品により提供される価値に加え，顧客の業務を代行する提供価値のことである）を提供する社会イノベーション事業を推進するにあたっては，複数事業の接続を実施する制御技術を担う人材の存在が大きい。

　さらに，日立製作所はサービス事業の比率を高めるために2016年4月から大きな組織再編を行った。具体的には，顧客との「協創」を加速するフロント機能を強化する事業体制を構築するため，製品軸でのカンパニーを再編し，①フロントビジネスユニット，②サービス＆プラットフォームビジネスユニット，③プロダクトビジネスユニットの3つを構築した。

　具体的には，①フロントビジネスユニットは，顧客のそばで顧客のニーズを分析し，サービス事業を中心として事業提供する。

　②サービス＆プラットフォームビジネスユニットは，社内各部門に分散していたAI，アナリティックス，セキュリティ，ロボティックス，制御技術をはじめとした高度なサービス事業を提供するために必要不可欠であるテクノロジーを束ねる。③プロダクトビジネスユニットは，グローバルに競争力のある強い製品や，部品，材料などを顧客やフロントビジネスユニットに提供する。

　このようなビジネスユニットの再編は，日立がICT技術を生かし，オペレーションや保守サービスなどのプロセス価値を提供するためのものである。また，そのため，AIやロボティックス，分析技術など日立が持つ，ICTの技術を集結し，サービス＆プラットフォームビジネスユニットに束ねている。日立がこのような大きな組織の再編をしたことは，日立がプロセス価値を強化するために，1）顧客の業務の理解，2）社内に拡散しているICT技術の集結，が必要と考えたことに由来している。このような日立の大胆なる提供価値の転換と組織の再編は，製品中心の事業と自前主義から抜け出せないでいる日本企業には非常に示唆が多い。

⑤ 事業に強い情報システム部門を創る　137

図表3-11　2016年4月の日立製作所組織再編

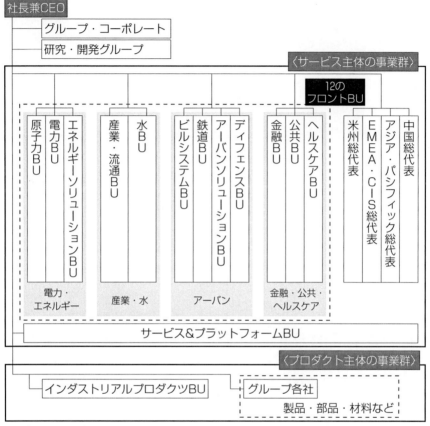

出所）日立製作所HPより

3　ICT基盤構築に向けて

　ICT基盤構築を行っていくためには，事業とICTの両方を理解し，事業の要件を定義しながら，要件定義を進めることができる人材が必要となる。

　現在の日本企業において不足しているのは，事業のニーズを理解し，そしてそれを実現するためのICTの基盤に具体化できる人材である。そのため，"事

業を創る"プロセスで描いたビジネスモデルを実現するために必要となる要件を定義し，必要となるICT基盤を構築する機能が必要となる。

　日本の製造業において，ICT技術者は情報システム部門にいるが，情報システム部門にいる技術者は，事業におけるビジネス要件を理解できるとは限らない。事業におけるビジネス要件を理解できる人材の多くは，当然ながら事業部門にいる。例えば製造業が製造するハードウェアの多くは，何らかの制御機能をもって制御されており，ハードウェアの開発部門には制御技術者が存在している。こういった技術者はハードウェアと密接不可分であるため，表にはなかなか出てこないという問題がある。

　こうした状況から脱し，日本企業が"事業を創る"ために必要となるICT基盤を構築していくためには，(1)顧客の業務を理解できる機能の構築，(2)ICT技術者の可視化と組織化，(3)事業を理解し，要件定義ができるICT技術者の育成，がある。

(1) 顧客の業務を理解できる機能の構築

　過去，日本の製造業は製品中心で販売をしてきたが，"事業を創る"プロセス価値を実現するためには，顧客の業務，業務における問題点を理解しなければならない。こうした顧客の業務を理解する機能も重要なるICT基盤である。なぜならば，顧客の業務を理解できなければICTで解決するための要件定義ができないからである。

　しかしながら，製品販売はしてきたが，代理店経由であり，製品も売り切りであった場合，顧客の業務を理解している人員は特に限定的かもしれない。こうした場合，商流は代理店を経由するも市場創造は，製造業者が顧客に直接接点を持ちながら進めていくことが必要となる。これにより，代理店に対する売り切り事業から，代理店とともに顧客接点でプロセス価値をいかに実現するかという視点に変えていく。このような人材，機能の構築のためには，事業部門にいる人材の過去からの経験，当人のやる気も含めた人材の棚卸は常に進めていかなければならない。また，こうした人材を増やしていくかも大変重要にな

る。

　そのためには，営業やマーケティングなどのフロント部門を顧客業種別に分けていくということも有効なる方法である。具体的には，営業部門による製品中心から顧客軸での課題の把握，さらに，マーケティング部門による顧客軸でのプロセス価値の構築が行いやすくなるからである。さらには狙いの業界に対するソリューションを展開しているSI事業者や狙いの業界出身者から人材を獲得することも有効なる方法である。そして，こうして獲得した外部人材のもとに，内部の優秀な人材をおくことで，内部人材の育成を行うことも必要となる。

(2) ICT技術者の可視化と組織化

　先述したように，日本の製造業においては制御技術者などICTの技術者がハードウェアの技術者の影に隠れがちである。こうしたハードウェアの裏に隠れてしまいがちな制御技術者，ソフトウェア技術者の所在を明確にしなければならない。そのためには，人事部門，技術開発部門などが連携した形で事業部門のなかに隠れている人材の可視化を進めなければならない。こうした本社部門の動きは時には事業部門から大きな警戒感を持たれるだろう。なぜならば，人材を可視化するということは，優秀なICT技術者にスポットがあたり，事業部門の製品開発に不可欠な人材が他部門にローテーションされてしまうことが予想されるからである。したがって，事業部門は人材を獲られないように囲い込みに走ることが多い。そのため，事業部門に対して，どのようなメリットがあるのかを明示することが必要である。例えば，ICT技術者を可視化することにより，現在，どの事業部門でも足りないICT技術を共有し，開発プロジェクトによりリソースを充当しやすくなるなどのメリットの明示，事業部門からすると獲られるだけではなく，優秀な人材のローテーションによる流入，獲られた人材は一定期間で戻されるなどの仕組みをしっかりと説明しなければならない。

　こうしてICT人材の可視化を進めたあと，上記の技術者を一か所に集め，特定のハードウェア事業に従属した形ではなく，独立した1つの事業インフラと

して顧客とハードウェアの中間に立たせ，ICTを活用して顧客の悩みを解決する組織を構築しなければならない。

(3) 事業を理解し，要件定義ができるICT技術者の育成

弊社がコンサルティングを提供しているクライアントの多くの企業から，ICT技術がわかり，事業がわかる人材の欠如を問題として相談されることが多い。なぜ，日本にはこうした人材が育たないのだろうか？ その最大の理由は，日本の情報システム部門が基幹システムの開発などに多くの時間を費やしており，事業のビジネスモデルをどう変革していくかという事業の方向性についての議論に早い段階から参画することは少ないからである。昨今，IoTにより，製品売り切りでなく，運用やサービスも含めて事業モデルを大きく変えたいという経営者の意向が強くなるに伴い，情報システム部門への期待値が大きく変わり，何から着手すべきか戸惑っている情報システム部門も多い。

こうした状況を変えていくためには，情報システム部門と事業部門の距離を一気に縮めていくことが求められる。例えば，先述したICT技術者の可視化と組織化にあるように人材をローテーションすることにより，事業とICT技術が両方わかる人材を増やしていくことがある。しかしながら，ローテーションだけでは十分ではなく，そこでどのような経験をさせ，事業とICTの両方がわかる人材を育成するのかを具体化することが大事である。例えば，顧客が抱えている課題とそれを解決するためにどのようなプロセス価値を提供しなければならないのか，さらに，それを実現する手段として，ICT基盤を構築するプロジェクトに参画させていく。こうして，ビジネスモデル，プロセス価値実現に求められるICT技術を一連で議論し，ICT基盤を構築することで，事業とICT両方を結び付けていける人材を育成することができる。

このように"事業を創る"プロセス価値実現とICT技術は一体で語られるべきであり，IoTのようなICTの技術が目的化されてはならないし，事業での提供価値とICT技術が別々に議論されてもならない。さらに経営者はこうしたプロセス価値実現におけるICT技術の果たすべき役割とその重要さを理解し，

ICT基盤の構築を進めなければならない。ましてや「IoTで何かをしろ」といった丸投げ的発想では，IoTが目的化してしまい，結局何も生み出されないだろう。

　"事業を創る"ことを実現するためには，経営者も深く関与しながら会社として，事業とICTがわかる人材の育成の仕組みを作り上げなければならない。

ルールメークやリスクの先読み

1 日本企業の経営インテリジェンスの現状と課題

(1) 高まる経営リスク

　事業活動のグローバル化に伴い，企業が直面するリスクは，戦略リスク，財務リスク，経営環境リスク，ハザードリスク，業務リスクなど多様化している（図表3-12参照）。

　近年，リスク管理が，製造業にとって重要になっているが，その理由は，リスクが多様化，複雑化していることに加え，量的にも空間的にもリスクが拡大する傾向にあるからだ。リスクが拡大する背景には，①企業活動のグローバル化，②法規制の複雑化，③データ量の急激な増大，④国際競争の激化等があげられる。

① 企業活動のグローバル化

　事業活動がグローバルに広がることに伴い，日本の製造業は，中国，東南アジアなどに生産拠点を保有し，新興国含めグローバル大で販売拠点を展開させている。そのため，法規制，税務，労務など，企業として対応しなければならないルール・慣習も多岐にわたるようになった。

　2016年10月のタイのプミポン国王の死に伴う政情不安や，近年の中国における不買運動などに見られるカントリーリスクは，そうした国々に生産拠点を保有し，事業活動をしている企業にとって看過できない状況になっている。

図表3-12　リスク分類表

大分類	中分類	キーワード
戦略リスク	戦略	・戦略判断ミス ・資源配分のミス ・開発・製造拠点の海外分散 ・特定顧客への集中 ・企画事案が頓挫 ・売上至上主義
	組織構造	・組織間の壁 ・頻繁な組織変更 ・特定部署が聖域化 ・隠蔽体質 ・虚偽の報告 ・情報伝達の遅延 ・経営会議・取締役会の形骸化 ・子会社の管理不備
	マネジメント	・計画策定プロセスが不適当 ・モニタリングの機能不全 ・従業員のモラル欠如・教育の不徹底 ・監査妨害
	マーケティング	・市場調査不足 ・宣伝・広告の失敗 ・競合の変化
	人事制度	・従業員の高齢化（人員構成） ・採用時ミス ・評価制度の不備 ・人材開発における想定外のエラー
財務リスク	資本・負債	・格付けの下落 ・金融支援の停止 ・資金計画の失敗
	資産運用	・デリバティブ運用 ・株価変動 ・不動産 ・不適切な株主構成
	決済	・取引先倒産 ・金利変動 ・為替変動 ・売掛金の未回収 ・粉飾決済 ・会計監査人との癒着
	流動性	・黒字倒産 ・財務体質の悪化
経営環境リスク	政治	・法改正の対応遅れ ・国際社会の圧力 ・貿易問題 ・戦争・内乱 ・規制の無視
	経済	・経済危機 ・原料・資材の高騰 ・景気変動 ・証券業界の低迷
	社会	・不買運動 ・地域社会との関係悪化 ・反社会的勢力との付き合い ・レピュテーション・リスク ・技術革新への対応の不備

大分類	中分類	キーワード
ハザードリスク	自然災害	・天災（台風・地震・噴火） ・天候不良 ・異常気象 ・冷夏猛暑
	事故・故障	・火災 ・設備故障 ・盗難 ・不法侵入 ・航空機事故
業務リスク	製品・サービス	・品質管理不備・顧客対応 ・顧客情報漏洩 ・アフターフォロー対応・クレーム対応 ・受注したシステムの開発が頓挫 ・システム運用時の不備（情報流出など） ・アウトソーシング業務の運営が困難 ・顧客過大重視
	調達	・部材調達 ・製品調達 ・一社集中調達
	物流	・物流委託先の管理
	法務・倫理	・不正取引 ・インサイダー取引 ・商法・下請法・独禁法など各種法違反 ・特許紛争
	環境対応	・環境規制 ・廃棄物処理
	情報流出	・従業員・協力会社からの情報漏洩 ・インサイダー情報の不正利用
	労務人事	・過剰労働 ・セクハラ ・ストライキ ・伝染病 ・差別
	メディア対応	・活用メディア媒体 ・風評 ・情報開示基準の不備
	権限・指示命令	・権限逸脱 ・指示命令系統の機能不全 ・協力会社の管理不備（丸投げリスク）
	情報システム	・ハードウェア障害 ・ウイルスの侵入 ・ネットワーク障害 ・不正アクセス
	経営者	・経営者の死亡 ・役員のスキャンダル ・乱脈経営 ・ガバナンスの不徹底

② 法規制の複雑化

　内部統制に関する法規制，個人情報の取扱いに関する法律，環境法規制等にみられるように，企業が対応しなければならない法規制は，益々多様化，複雑化している。とりわけ，環境に関しては，工場建設・運営，廃棄物処理の際に準拠すべき規則は，様々な国々のルールに準拠しなければならず，それに関するリスクは増大している。さらに，昨今の環境規制の激変は，企業によっては大きな事業機会を獲得することも可能であるが，それと同時に，大きな事業機会を失うこともある。例えば，英仏や中国で検討されているようなガソリン車やディーゼル車の製造・販売を禁止するといった環境規制は，ハイブリッドなどを中心に日本企業が長い時間をかけて構築してきたガソリン車の技術の事業機会を損失することになりかねない。

③ データ量の急激な増大

　製品に関する技術情報，顧客に関する情報，マーケティング活動に関する情報，マシーンから発生される稼働情報など，企業が取り扱う情報量は飛躍的に増大している。このように，企業が取り扱うデータ量の急激な増大に伴い，情報漏洩などのリスクが拡大している。情報システムの進展により，膨大なデータを扱うことが可能になった半面，多くの企業は，管理ミス，誤操作，紛失，不正アクセスや盗難などにより，大量なデータが流出するといった重大なリスクにも直面することとなった。

④ 国際競争の激化

　韓国企業の台頭，中国企業の急速なる成長など，国際的な企業間競争は激化している。それに伴い，技術，マーケティングノウハウなどを保有する人員の獲得競争が激しさを増している。かつては液晶技術に長けた多くの日本人技術者が韓国企業にヘッドハントされたが，自動車，精密機器，半導体，高機能材料など日本が強い領域において，日本の技術者は常に獲得ターゲットとなっている。日本企業は終身雇用を前提としており，多くの従業員は一生涯，同一企

業に勤務することが多かったが，こうした人員流出は，日本企業にとって大きなリスクとなっている。

　こうした環境変化に対応していくために，企業は経営インテリジェンスを高めなければならない。経営インテリジェンスとは，本稿においては，経営を取り巻く市場環境の変化をとらえ，起こり得るリスクを先読みし，リスクを最小化するとともに，規制動向などにあわせ，自社にとって有利となる市場環境を作り出すためのインテリジェンスである。

(2) 経営インテリジェンスの面から見た日本企業が抱える課題

　戦略実行において経営インテリジェンス機能は欠かせないが，この機能に関して多くの日本企業は，①リスクに対する事後対応，②規格や規制に対する後追いといった問題を抱えている。

① リスクに対する事後対応

　日本企業の多くはリスク管理についての対応が十分ではなく，リスク管理部門とされているところも，実施していることといえば，リスクが発生する前にそれに対する予防策を講じるといった管理には程遠く，リスクが発生してしまった後，それに対してどう対応するかといったクライシス管理に終始しているケースが散見される。しかしながら，こうした状態では，一度リスクが発生すると戦略に対する実行，推進力はスローダウンしてしまう。

　クライシス管理になってしまっている要因としては，1）リスク管理体制の不備，2）リスク評価方法の不備などがあげられる。

1）リスク管理体制の不備

　リスク管理の担当部門，もしくはリスクに対応する担当役員を企業内部で明確に定めていても，事業活動に関連するリスクは，多くの場合，事業部門の内部に潜んでいる。したがって，リスク管理を強化するには，まず，事業活動内部に潜むリスクを明確化する必要がある。そのうえで，対応に必要な方法を本

社が事業部門とともに検討することが求められる。

　しかしながら，多くの企業では，担当部門・担当役員は設置しているものの，事業部門や活動の内部に潜むリスクの「棚卸」を徹底せず，事業部門とともに管理する体制の構築に至っていない。その結果として，本社の担当部門が，「事後対応」部門という役割に留まっていることが多い。

　リスク管理体制としては，事業部門の人材までを巻き込み，本社の担当者と一体となった一元的な体制構築が求められる。しかし現状は，SOX法対応や情報漏洩事故などに伴う情報セキュリティ対応等，本社の中でも，それぞれのリスクに対応する組織が設置される傾向にあり，具体的には，内部監査を担当する内部監査部門，情報セキュリティリスクに対応する情報システム部門など，本社でリスクに対応する部門は多岐にわたる。しかしながら，それぞれを束ねる機能がないために，各組織が事業部門に対して，個別に問い合わせを行い，対応を要請することになる。一方，事業部門のリスク担当者の数は通常は変わらないため，それだけでも事業部門の負担は大幅に増加する。そのため，一つひとつのリスクに対して形式的な対応に陥りやすくなる。ましてや，事業環境とともに変化していくようなリスクを早めに把握し，それに対する対応策を講じることまではできないのが実態である。

2）　リスク評価方法の不備

　日本企業でも，リスクを発生可能性と影響度で評価する「リスクマップ」の策定がすでに定着しつつある。ただし，そこに盛り込まれた事項については，
- ✓　重点的に対応を展開するのはどのような事業のリスクなのか
- ✓　事業環境がどのように変化しているのか
- ✓　自社対応により軽減できるリスクなのか

といった観点に留まる。

　多くの日本企業がリスクマップを策定しているとはいえ，事業部門の関与が十分でないために，各部門の事業戦略や，置かれている事業環境が適切に反映されていないものも見受けられる。

その結果，自社ではコントロールできない「為替リスク」などが重要リスクにあがってきてしまうこともある。

② 規格や規制に対する後追い

　戦略の実行力を高めていくためには，市場環境変化を俊敏に把握し，リスク管理を強化するのみならず，その変化を事業機会にすべく，ルール作りを仕掛けていくことが必要だ。しかしながら，日本企業はルール策定について，後手に回ることが多い。例えば，携帯電話においては，i-Modeなど進んだ技術を持っていたにもかかわらず，通信規格競争においては完全なる後手に回った。その結果，日本の携帯電話はガラパゴス化し，特殊な進化を遂げた生命体のごとく，海外での大きなシェアを獲得するには至らなかった。

　インフラ産業でも同様なことがいえる。日本のインフラ技術は技術的には優れているが，交通システムにおいて，シーメンス，アルストムなどの欧州メーカーが規格作りでは圧倒的に強く，その技術力を発揮できずにいる。自動車分野も同様である。排ガス規制に関する動きは欧州で先行しており，規格作り，規格対応に関する取り組みは，欧州企業がリードしている。また，インダストリー4.0で推進されるIoTでの生産革新においても，海外では様々な実証実験，規格作りが進んでいるが，日本においては，企業単独での技術開発の進展に留まっている。

　多くの日本の製造業はこうしたグローバルな規格作りや業界の流れを作ることから縁遠いところで，自らの技術の良さで勝負をしているため，市場機会の変化をとらえることができず，規制の動きに対して後追いになっているのである。

2 先進事例

　経営インテリジェンス機能整備に関する先進事例としては，リスク管理を徹底的に強化し，組織としてのPDCAを強化しているハイドロ・ワン，ルール

メークをすることで戦略的に市場を創り出したデュポンがある。

(1) ハイドロ・ワン

ハイドロ・ワンはカナダ・オンタリオ州に本社を置く送配電企業である。ハイドロ・ワンのインテリジェンス機能は，①優秀なCROの存在，②直接面談によるリスク情報収集，③事業戦略を勘案したリスク評価に特徴が見られる。

① 優秀なCROの存在

日本ではリスク管理管掌の役員として，CRO（Chief Risk Officer）を明示する企業も増えてきているが，ハイドロ・ワンが他の企業と異なる点は，CROの資質や動き方にあると思われる。動き方についていえば，以下のような活動が指摘できよう。

同社では，半年に一度の頻度でリスク管理部門が事業部門とワークショップを開催し，各事業部門が抱えるリスクを補足・評価し，「リスク評価シート」に取りまとめている。その際，CROは，自らがビジネス部門と直接会話し，事業部門のマネジメント層が懸念するリスクを詳細に確認し，その結果をリスク評価シートに追記したうえで，CEOに報告している。CROがこれほどまで能動的に動き回るケースは極めて稀である。

② 直接面談によるリスク情報収集

先のリスク評価シートには，戦略，財務，レピュテーション，規制当局との関係性などの項目とそれぞれについての詳細項目，考えられるイベント，リスクとしてのインパクトの大きさなどが整理されている。このようなリスクカテゴリー単位で抽出する手法は特別目新しいものではないが，同社の情報収集方法として注目すべきは，直接，現場担当者に接し，場合によっては匿名のリスク情報や発生可能性に関する情報を得ている点にある。

金融機関や事業会社においてリスク評価の手法として定着しつつあるCSA（Control Self Assessment）は，より現場に近い人が自らの経験に基づきリス

クを抽出するという点において、リスク情報に関する一定の品質と効率性を担保する方法として評価されている。しかしながら、近年の日本企業における不正や事件、事故は、実際に起きてから考えれば、起こるべくしておきたものも多いが、そうした事象への危惧は、依然として人の心象の中にあることが多く、CSAにも限界があるといわれている。

そうした問題を解消するためには、初期のリスク情報を見えるようにしていくことが必要であるが、そのためには、CROがビジネス部門を牽制する対象とするのではなく、現場から信頼される関係を築くことが条件となってくる。

③ 事業戦略を勘案したリスク評価

リスクマップに関してはハイドロ・ワンも、発生可能性と影響度に沿って評価しているが、同社では、さらに、ビジネス部門の中期経営計画等に示された戦略に立ち入ってリスクを評価している。単にリスクの評点をつけ、経営者に報告するという形式的・儀式的な評価ではない。ハイドロ・ワンでは、ビジネス部門が描いた実行計画、戦略に潜むリスクを現場の主観的な情報をもとに把握し、それを専門部隊が客観的に分析しているのである。リスク評価には、このような目利き力が必要不可欠であり、その意味では、CROは単なる評価責任者ではなく、ビジネスにも精通した分析専門官であることが求められる。そのような資質を持つCROがいれば、一企業としてはどうにも対処ができない"為替リスク"が最上位にくることはない。

(2) デュポン

デュポンは、オゾン層破壊物質の規制の運動を自ら行うことで、代替フロン市場の先行者としての利益を享受することに成功した。

フロンガスは冷蔵庫やエアコンの冷媒として開発され、熱的・化学的に安定した物質であったことから、夢の化学物質といわれ急速に普及したが、1970年代に入り、カリフォルニア大学がオゾン層の破壊要因として指摘したことを機に、米国政府で利用規制の議論が始まった。当時は代替手段がなかったため、

米国や当時のEC（欧州共同体）地域の化学企業もフロン技術で利益を得ていたことから規制導入に慎重な姿勢を示していたが，デュポンは代替技術の開発を行うと同時にロビー活動を展開し，NGOなどと連携しながらオゾン層破壊物質の規制の運動を開始した。約20年かけて，約20の代替技術を開発し，1980年代後半から代替フロンへの切り替えを政府と連携して推進し，1987年のモントリオール議定書の制定に導いた。モントリオール議定書ではオゾン層を破壊するフロンなどの化学物質の製造，使用を規制することが決定され，先進国では，1996年までにフロン使用を全廃しなければならなくなった。この国際的なルールメーキングを通じて，代替フロン技術の利用が社会秩序として組み込まれることになり，デュポンは，代替フロン市場で飛躍的に業績をあげることに成功したのである。

　同社は，利益をあげている製品に対して自分で規制するといった，自分で自分の首を絞めるようなことをしたのは，フロンが槍玉にあげられ，国際的にフロン規制が盛り上がり，いずれフロンガスに対する規制が制定されることを先読みすることができたからだ。他者に先駆けてフロンの代替物質の技術開発に力を注ぐとともに，フロン規制に関する案を提言・交渉（ルールメーク）することで，短期間で事業を軌道に乗せたのである。地球環境を守るという社会的課題解決を全面に打ち出し，フロン規制運動を行うことで，世界的ルールの構築に深く関与できたこと，また，その結果として，フロン代替技術に対する大きな需要を作り出せたことが，成功の要因にあげられる。

3　経営インテリジェンス強化に向けて

　戦略実行力を高めるために，日本企業は経営インテリジェンスを強化することが必要であるが，先進企業の取り組みからは，①リスクが発生してから事後対応するクライシス管理ではなく，市場環境の変化からリスクを先読みし，それに対する準備を強化することが喫緊の課題であること，さらに，②今後発生し得る規制強化等の動きに対して，自らが率先してルールを作り出していくこ

(1) リスクに対する準備を強める

リスクに対する準備としては，①リスク統括体制の構築，②リスク管理プロセスの構築を行うことが必要だ。

① リスク統括体制の構築

先述したように，現在のリスク管理部門はSOX法などコンプライアンス対応が中心であり，事業の中味まで踏み込んだ事業リスク管理を事業部門に任しているが，こうした体制では，拡大していく事業リスクを極小化することは難しい。そのため，事業リスクを統括する部門（事業リスク統括部門）をコーポレート側に設置し，そこが事業部門と一体となり，リスク管理を推進していくことが望ましい。また，事業リスクは，製品を販売した段階だけではなく，オペレーションやサービスにおいても発生する。様々な段階で発生し得るリスクを事前に最小化するためには，大型プロジェクトのマネジメント経験を有する人材を登用することが望ましい。そのため，こうした経験者を社内で可視化し，大型でリスクが高いプロジェクトの発生，またリスクのモニタリング状況に応じて臨機応変に投入できる仕組みを構築しておくことも必要となる。

② リスク管理プロセスの構築

1) リスクマップの作成

リスクに対する準備については，事業計画策定段階において，想定されるリスクを棚卸することが不可欠である。例えば重電などインフラ事業であれば，相手国政府の方針など，インフラ事業を獲得するために考えられる法制度面でのリスクや政治リスク，また，受注後に事業を推進するうえの現地調達に関するリスクや品質の維持確保に関するリスクなどが考えられるが，事業リスク統括部門が中心になって，多様な視点から，リスクを抽出することが重要である。また，定量化できるリスクについては，なるべく具体的に把握することが望ま

しく，そうでないものについては，関係する組織による横断的な議論をもとに定性的に把握することが重要である。こうして，リスクの棚卸を実施したのち，リスクへの対応策を検討する。具体的には，リスクは発生する可能性とインパクトでマトリックスに配置し，リスクマップを作ることで，リスクを俯瞰的に示すことが必要となる。そのうえで，特にリスク発生可能性が高く，インパクトが大きいものは，対応策を検討する最優先とする。考えられるリスクに対してリスク対応策を検討し，重要なものについては事業リスク統括部門，事業開発を推進するマーケティングや開発など組織横断的に議論を繰り返し，対応策の実施状況についてモニタリングを進めることが重要である。

2) 定期的リスクの見直しとリスク対応策の実施状況の確認

事業開発を推進するためには定期的にリスクの見直しを進めることが必要である。事業環境の変化によって，取り巻くリスク環境も大きく変化する。大事なのは常にリスクの見直しをしておくことである。事業開発で新しい事業，新しい市場環境などに変化していくため，それに応じて，定期的にリスクはマトリックス化し，見直すことが必要となる。

事業開発によるビジネスモデルの変化は，事業が直面する事業リスクにも大きな影響を与える。こうした変化がリスク管理に与えるインパクトを常にとらえ，どのようなリスクが増大するのかをしっかりと把握し，対応策を常にその変化に応じて講じていくことが求められる。

3) リスク管理に知見が高い人材の臨機応変な投入の仕組み

大型プロジェクトなどの事業リスクについては，経験豊かな人材の持つリスク管理ノウハウの形式知化を進める。具体的には，プロジェクトを進めながらリスクマップを策定し，重点的に見るべきリスクについては，その対応策の明確化，担当者の割り当て，定期的レビューを繰り返す。また，プロジェクト内でのリスクマップ自体を定期的に見直しながら，重点的に見るべきリスクの見直しを行っていく。こうした業務を経験豊かな人材と若手の優秀な人材がとも

に行っていくことで，経験豊かな人材の持つ経験知を暗黙知から形式知にしていくことができる。なるべく熟練者が持つ知識やノウハウをリスクマップなどのツールを使いながら，PDCAを徹底させることで，複雑化するリスクを整理し，重点化する思考プロセスをドキュメントとして残すことができる。また，リスク管理のプロセスを経験豊かな人材とともに若手が行うことで，熟練者が持つノウハウを若手に移植していくことが大事である。

このように事業開発を進めていくため，必要となる基盤として，リスク管理力を組織として高めていかなければならない。

(2) ルールメーク機能の強化

日本企業が規制の後追いではなく，むしろ規制作りに対して，主導的立場をとっていくためには，企業内部に，ルールメークを主導していく機能を構築するとともに，戦略的に政府，官公庁，NGOに対するコミュニケーションを進めなければならない。以下，①ルールメーク推進機能の構築，②戦略的コミュニケーションの展開について述べていく。

① ルールメーク推進機能の構築

日本企業が市場環境の変化をとらえ，それを自社にとっての事業機会としていくためには，ルールメークを推進する機能を構築しなければならない。例えば，ウォルマートでは，CEO直属でコーポレートアフェアーズという組織が設けられている。このなかには，ルールメーキング戦略機能を担う「ガバメントリレーション」，「通商政策」を担当する専門チームが設置されているほか，社会的課題について，同社主導で具体的なプログラムに落とし込む「サステナビリティ」の専門部隊もある。さらに，対外広報，社内コミュニケーションの企画・実行部門，CEO専属のエグゼクティブコミュニケーションチーム，世論調査に基づく戦略企画チーム，年間14億ドルにものぼる寄付予算を差配するウォルマート財団のマネジメント部門などもある。

また，これらの組織は，政策アナリスト，ロビイスト，議員秘書，弁護士，

シンクタンク研究員，官僚，NGO職員，スピーチライターなどの専門人材で構成されている。

② 戦略的コミュニケーションの展開

　戦略的コミュニケーションに関しては，日本企業の中にも，昨今のSDGs（国連が定める持続的開発目標）への対応をはじめ，積極的に取り組む動きが見られるようになった。その背景の1つに，ESG（環境・社会・ガバナンス）投資の拡大がある。つまり環境規制などのルールにいかに積極的に対応するかが，安定的株主を獲得するうえで重要になっているからである。日本企業が，社会的課題の解決に向けた活動を戦略的に展開していくためには，専門の組織を構築するとともに，自社が解決していくべきテーマを具体化し，解決の方向性についての自社の立場や主張を明確にし，規格や規制作りの必要性を効果的に打ち出していくことが必要である。さらに，そうした立場・主張に対する認知・共感・賛同を獲得すべく，政治家，影響力のある人物（インフルエンサー），業界団体，NGOとのコミュニケーション，意見交換，個別交渉を推進していくことが重要である。

　日本企業の場合，こうした機能は渉外に設置されるイメージが強いが，大事なことは，何か状況の変化が起きてから情報収集をしにいくのではなく，今後の大きな市場環境の変化に対して，ルールメイキングに向けて自ら訴えかけていくなど能動的なアクションを迅速に展開することである。企業によってどこの部門に置くかは様々だろうが，日本のみならず，ベルギーやワシントンDCなど規格や規制作りに重要な拠点には人員を配置し，グローバルに連携しながら，環境や社会的課題の解決に訴求し，自社の事業機会を大きくしていくルールメイキング活動の推進が必要となっている。

　過去，リスクや規制に対して後追いであった日本企業は，市場環境や規制が変わる都度，戦略実行力をスローダウンせざるを得なかった。しかしながら，こうした市場環境変化に対して，変化を先読みし，規制の策定に対して，主導的に動くことにより，戦略実行力を高めていくことができる。

7 ものづくりに求められる新たなる機能
（ものを造るだけではない生産機能）

1 "事業を創る"に求められる生産機能

　顧客の悩み，課題に合わせて"事業を創る"ためには，生産部門は単なるバリューチェーンにおける一機能から，"事業を創る"ために重要となる価値創造を行うことが求められる。そのために実現すべき価値創造として，(1)顧客の生産プロセスの代行による価値創造，(2)ICTを生かした生産プロセス刷新による価値創造，(3)生産ノウハウの提供による価値創造，について述べる。

(1) 顧客の生産プロセスの代行による価値創造

　これは素材産業などに多いのであるが例えば素材を原反で納入するのではなく，素材の加工プロセスまで顧客の工場内で提供するもしくは，顧客の工場の近くで生産を行い，完成品メーカーのプロセスに合わせて納入を行っていくなどが考えられる。

(2) ICTを生かした生産プロセス刷新による価値創造

　インダストリー4.0などの概念でもうたわれているようにICTの技術を活用することにより，市場，顧客の動きにプロアクティブに対応し，リアルタイムでカスタマイズ生産が可能となる。

　このように，ICT技術の進展により，ICTを活用し，生産機能と顧客とが直接繋がることで，過去とは異なる提供価値を顧客に訴求していくことが可能となる。

(3) 生産ノウハウの提供による価値創造

　この考え方は，精密機器メーカー，エレクトロニクス，通信機器メーカーにみられる。つまり自社が保有する製造技術を使い，顧客の生産を請け負うもしくは，自社が生産で培ってきた付加価値を形式知化し，顧客に対してそのノウハウを提供するなどが考えられる。

　例えば，精密機械メーカーは自社の生産ノウハウを形式知化し，他社にそのモノづくりノウハウをコンサルティングしている。沖電気やNECなど，通信機器メーカーは，自社の生産機能をEMSとして顧客に提供している。

2　先進事例

　1では，"事業を創る"ことで生産部門が行う3つの価値創造として，①顧客の生産プロセスの代行による価値創造，②ICTを生かした生産プロセス刷新による価値創造，③生産ノウハウの提供による価値創造を述べた。以下，具体的な事例を紹介する。

(1) "顧客の生産プロセスの代行による価値創造"の事例　東レ

　東レは炭素繊維において，航空産業，自動車での新たなる生産，加工技術の開発を自動車，航空機メーカーなどと協同で行っている。

　東レは，航空業界において，素材の提供のみならず，成型シミュレーションや加工に関する顧客への支援を行っている。具体的には，東レの子会社である東レエンジニアリングが，成型シミュレーションにとどまらず，航空機主翼の組み立て加工装置など複合材料に関わるファクトリーオートメーションも手がけている。例えば，航空機組み立てにおけるリベット接合の自動化を実現する装置，大型精密加工・ハンドリングを実現した5軸NCリベッターの提供も行っている。これにより，航空機の外板と構造部分をリベットで接合することが可能となり，大型設備・作業での微細な位置決め精度を実現している。

また，自動車業界においても同様の取り組みを進めている。

東レのオートモーティブセンター（AMC）は，A＆Aセンターの一翼を担う自動車向け総合技術開発拠点として2008年6月に開所した。

自動車業界の緊急課題である地球環境問題解決に貢献する炭素繊維複合材料による軽量化技術，ナノアロイ樹脂による衝撃吸収部材，金属光沢を有するメタルフリーの多層積層フィルムピカサスによる内外装部品などの革新的なソリューション提案を目指した開発を行っている。さらに，東レは，素材のみでなく加工法や設計技術，評価・解析技術も合わせ提供し，自動車会社と一体になった技術開発を推進するための体制，設備を整えている。こうした体制の整備が必要になっているのは，単に素材を提供するだけではなく，加工法，設計技術，解析技術を合わせて提供することにより，顧客とともにより革新的自動車の開発に参画し，さらなる革新的素材の開発力向上が行えると考えているからである。

こうした展開をグローバルに推進するため，2011年7月には「オートモーティブセンター（中国）」（略称：AMCC）を設立し，自動車分野における東レグループの総合力を最大限に活用し，中国自動車市場でも事業拡大を図っている。つまり，東レは，自動車向けに炭素繊維が素材として活用されるように，炭素繊維を活用した内外装品の開発を顧客とともに行っている。

東レはこうした炭素繊維など新素材を提供するのみならず，加工技術も提供し，航空機業界や自動車業界における炭素繊維の利用用途を増やし，さらなる事業拡大をしている。

(2) "ICTを生かした生産プロセス刷新による価値創造"の事例

① インダストリー4.0による生産刷新をするボシュ

1) インダストリー4.0について

今ドイツは国を挙げてインダストリー4.0というプロジェクトに取り組んでいる。今までIT産業では，GoogleやAmazonなどの米国企業が圧倒的な強さを発揮し，業界の標準を作ってきた。こうした動きに対してドイツ政府は，製造

業においてはICT技術（情報通信技術）を生かして生産性の革新を起こし，「標準」を作ろうとしている。

　製造業において第一次革命は産業革命である。蒸気機関の発明により，手作業を機械化することに成功した。第二次革命は20世紀初頭，電気による大量生産技術を実現した。第三次産業革命では電子技術と情報通信技術により生産自動化が進んだ。

　その後に続こうというのがインダストリー4.0である。つまりは，インダストリー4.0のプロジェクトで世界に第四次産業革命を起こし，その標準化を推進しようとしている。

　このインダストリー4.0は，ICTの利用により，インテリジェントな監視システムや自律システムを工場の内外とインターネットで繋げることにより，製造業のビジネスモデルを変えてしまうインパクトを持つものである。

　具体的には，生産プロセスのすべての要素，例えば製品の部品や製造装置にIPアドレスを割り当て，それぞれの情報をリアルタイムで収集・管理をすることで，市場ニーズの変化や物流状況など外部環境の変化により柔軟に対応する。これにより，開発や製造，生産管理などのプロセスの最適化を実現しようとしている。結果，工場の生産性向上，在庫の減少等製造とサプライチェーンの最適化とコスト低減を進め，収益の増大と顧客満足の向上を図ろうというものである。

2）インダストリー4.0において中核的役割を果たすボッシュ

　ボッシュは，インダストリー4.0を推進する中心的立場を担っており，世界に約250の工場を持ち，自社工場で率先した事例を作っている。例えば，自社の工場内で，ネットワーク化されたパイロット生産ラインを設けており，効果の波及度合い，イノベーションのハブになり得るかという観点で評価しながら，100以上のプロジェクトを推進している。

　具体的事例としては，自動車油圧バルブの生産ラインにRFIDを導入し，生産品目ごとに組み立て指示を提示し，従業員がより，生産に集中できる環境を

構築している。

　これにより，生産品ごとに組み立て指示をすることで，300品種を単一ラインで生産することを実現している。

　また，2014年9月に稼動させた農業機械用の油圧機器組み立てラインにおいては，従業員情報を吸い上げることで，従業員に適した指示を出すことを実現している。例えば，従業員がラインの前にたつと，従業員の持つブルートゥース端末を認識し，従業員の経験と好みを生産ラインに送ることで，従業員に適した生産ラインでの指示を流す。これにより，ベテラン職人であれば文字中心，経験が浅い従業員であれば絵やグラフィックも含め，言語も従業員に応じて変更する。さらに，作業状況に応じた情報を組み立て中の製品からICタグが読み込み，手順書をそれに応じて提示している。

　これにより，油圧機器の製品で手順書は200種類程度あるが，作業する製品に応じて，情報を提供することが可能となった。こうすることで，作業する従業員がより，集中して働くことができる。また，このようにIoTを活用した作業改善をすることで，生産機種を切り替えた場合も，生産の段取り換えに要する時間を限りなく短くしようとしている。

　さらに，ボッシュは，電動工具をワイヤレスネットワークで接続し，作業指示に対応したトルクで締め付けるように自動設定をするなど，作業効率改善とミスの防止などの点において，ICTを活用し，効果を出している。

　ボッシュは，このような作業改善を続けるとともに，将来は，生産品自体がラインや設備に自ら指示を出して段取りや工程を自立的に組み替えるとともに，生産品や搬送の現在の状態を全てリアルタイムで記録するなどを実現することで，工場を進化させていくことを狙っている。

② デジタルプロセス改革でビジネスモデルを刷新したセーレン

　セーレンは1889年（明治23年）創業の老舗企業である。事業内容としては，繊維製品の企画・製造・販売で，素材作りはもちろんのこと，デザインの企画，染色，捺染，仕上げ加工を行う会社である。セーレンの現在の売上規模は1,081

億円（2017年3月度），経常利益103億円の優良企業である。

　セーレンは，1889年の創業以来，繊維の技術を積み重ねることにより，成長してきたが，1980年代の繊維不況のあおりにより，存亡の危機に立つ。その後，現在の会長である川田達男氏のリーダーシップのもと，従来の委託体質から脱却し，「IT化」，「流通のダイレクト化」，「グローバル化」，「非衣料・非繊維」を進めることで飛躍をしてきた。

　セーレンは元々の中核事業であるハイファッション，アパレル事業を中核としてきたが，昨今は非衣料，非繊維の事業を伸ばし，なかでも自動車の内装事業，カーシート事業で，現在は売上の57％を占めている。また，セーレンは元々の同社のコア事業である繊維事業を新たなる成長ステージに乗せるため，ITを生かしたビジネスモデルの刷新を行ってきた。その一貫として取り組んだのがVISCOTEC'S事業である。1980年代，繊維不況のさなか，従来の委託型ではなく，ITを使ったビジネスモデル改革により，エンドユーザーとダイレクトに繋がるモデルを考案し，VISCOTEC'S事業を構築した。

　VISCOTEC'S開発開始に至った1980年は，消費者は，新しいもの，自分だけのものを，タイムリーに供給することを望んでいた。反面，アパレルメーカーは流行のサイクルが早くなることに伴い，在庫で苦しみ，その結果，消費者は高いものを買わなければならない。こうした状況をセーレンは分析し，今後，ICT革命が起きることで，時間，距離差がなくなり，ICTを駆使することにより，差別化された小ロットの製品を短納期でグローバルに供給することができると考えた。それがVISCOTEC'S事業が創られた経緯である。VISCOTEC'Sという名称は，VISUAL COMMUNICATION TECHNOLOGY SYSTEMの略であり，顧客とビジュアルに対話をしながら，"欲しいとき"に"欲しいものを"，"欲しいだけ"供給することを事業コンセプトとしている。

　そして，1980年に開発着手後，1986年にインクジェットプリンタのプロトタイプ完成，1988年にはインクジェットの量産タイプを完成している。これにより，従来のアナログのプロセスからデジタルインクジェット化されたことにより，従来のスクリーン工程で必要であった色分解，フィルムトレース，色ごと

の型枠の作成，各色の型あわせ刷りという複雑な工程からCADでデザインワークを行い，直接生地に印写することにより，工程を簡単にし，時間を大幅に短縮することが可能となった．それにより，元来であれば，デザインをつくってから1着目を見るまで1ヶ月かかっていたが，CAD，インクジェットとデジタルプロセス化することによって，数時間で1着目を仕上げることが可能となった．さらに，スクリーン工程では35色の表現が精一杯であったが，VISCOTEC'Sでは，1,677万色という非常に多くの色が使えるようになった．

このようにセーレンは過去，アナログのスクリーン印刷工程による生産プロセスを，CADシステムからデジタルインクジェット印刷に生産工程を変革することにより，流通のダイレクト化，在庫レス，顧客へのパーソナル対応を可能にした「セーレン型SPAビジネス」を推進している．

こうした事例が大きく花開いたのは，水着ビジネスである．水着は，5月の連休明けから店頭に並びはじめる．そのため，4月後半から試験的出店をし，6月の終わりから7月，8月のお盆までが実際の販売期間であり，2～2.5ヶ月のみの短い販売期間になる．したがって，実際の納期が1～2ヶ月になるため，かなり前から準備をしておくが，冷夏になると半分以上は売れず，処分しなければならない．しかしながら，VISCOTEC'Sであれば，クイックレスポンスでの対応が可能となり，2週間での納入が可能となった．そのため，在庫処分を少なくし，市場のニーズに応じた商品供給ができる．

さらに，2015年9月，VISCOTEC'Sによる世界初のパーソナルオーダー事業の本格展開を発表し，セーレン「Viscotecs make your brand」を発表した．これにより，洋服のパーソナルオーダーが可能となり，シルエットや色，柄を自由自在に組み合わせて，47万通りのなかから"自分のブランド"を作ることができるまったく新しいパーソナルオーダーシステムを完成させた．これにより，個性を大事にするお洒落な女性層をターゲットにし，2018年に20～30億円の売上規模を目指し，事業展開をしている．こうしたセーレンの取り組みは，ICTを活用した生産革新により，顧客とダイレクトに繋がることで，顧客の好みにあった洋服を短い納期で作ることを実現している．

(3) "生産ノウハウの提供による価値創造"の事例　富士ゼロックス

　富士ゼロックスは自らが培ってきた生産方式（富士ゼロックスプロダクションウェイ）を活用した，生産管理ソリューションを顧客に提供している。

　ものづくりは，厳しくなるQCD（Quality, Cost, Delivery）に加え，多種少量及び変動への対応が要求されるようになっている。こうした製造業が直面する環境変化は，在庫管理の難しさをもたらす。在庫の山となると結果，企業経営にとってはキャッシュフローが悪化することとなる。こうした製造業が直面している課題に対して富士ゼロックスは自らが培ってきたノウハウを形式知化し，外販を行っている。

　具体的には，①自社ノウハウの提供，②生産管理システムの提供，③生産管理システムの連携・生産に関連する業務ソリューションの提供を行っている。

①　自社ノウハウの提供

　富士ゼロックスは自らが取り組んできた生産革新活動において，品質向上，リードタイムの短縮，コスト削減と在庫の削減を行ってきた取り組みを，富士ゼロックスプロダクションウェイとしてまとめている。そこには，富士ゼロックスが過去培ってきた原価低減，品質ロスの削減活動，標準化手法，全拠点でのシステム統一や人材育成などがまとまっている。こうしたノウハウを顧客に提供することによって，自社が自ら実践してきた生産ノウハウを生かして，顧客への提供価値を高めている。

②　生産管理システムの提供

　富士ゼロックスは自社の製造業としての経験，改革実績を基にした生産管理システムの提供をシステムベンダーとして行っている。ここでのシステム開発において最も他社のシステムベンダーと異なることは，"言行一致"を常に重んじた自社の改革実績に基づくソリューション提供を重んじていることにある。つまり，生産管理システムにおいて，富士ゼロックスが保有する製造業として

の当社の経験及びシステムベンダーとしての実績に基づき，顧客に最適なシステムを提供することを目指している。

③ 生産管理システムの連携・生産に関連する業務ソリューションの提供

具体的には，生産や生産管理における業務で発生する紙や手書き情報を含めた業務データの入力，管理，出力や活用の環境を構築することにより，現場と生産管理システムとの連携が可能な環境を構築することを支援している。こうしたソリューションを製造業に提供することにより，生産現場においては，二重入力の防止による作業効率の向上，情報の一元管理，履歴蓄積による情報伝達の効率化，物流の精度向上などを実現することを目指している。

このように生産に関連する業務ソリューションにより，情報の精度，網羅性を高め，生産管理システムと現場の連携を強化することで，最適な生産管理の実現を目指している。

富士ゼロックスは，こうした自社の生産ノウハウに基づく生産管理ソリューションの提供を行うことにより，現場と生産管理システムがリアルタイムに結びつけられた環境での生産活動を実現し，QCDの向上の実現を提供しようとしている。

その結果，顧客の経営者にとって，在庫情報の可視化によるキャッシュフローの改善や，現場の状況をリアルタイムで把握することによる納期順守，原価の可視化によるコスト低減，基幹情報と業務情報の連携による品質向上を実現しようとしている。

こうした富士ゼロックスの取り組みは，富士ゼロックスが提供するソリューションは自社の取り組みに基づいているという企業姿勢として理解されている。つまり，自社の生産現場で取り組んできたことを生産現場の取り組みとICTの仕組みと組み合わせで，自社の経験に基づいた提案をすることにより，顧客に対する説得力が増し，ベンダーではなく，パートナーとして顧客とともにその課題解決に取り組む企業と評価されることに大きく貢献している。

3 生産機能での提供価値刷新に向けて

　"事業を創る"に向けた生産機能刷新に向けて，(1)実現したいビジネスモデルの明確化，(2)生産部門の強みの棚卸，(3)生産に求められる機能の具体化，(4)生産・事業・情報システム部門横断でのプロジェクト推進による人材育成がある。

(1) 実現したいビジネスモデルの明確化

　"事業を創る"ことにより，どのようなビジネスモデルを実現したいのかが生産機能の刷新における前提条件となる。セーレンがデジタルインクジェットにより生産システムを刷新したことは，セーレンが実現したいビジネスモデルの刷新が大きな要因となっている。

　つまり，"事業を創る"ことにより，どのような提供価値を実現したいのか，そして収益を獲得していくためのビジネスモデルを描き，それを実現するために，生産にはどのような機能刷新が求められるかを明確にしなければならない。つまり，ここにおける生産機能の刷新は，コスト低減のために行われるものではなく，顧客への提供価値の向上，ビジネスモデルの刷新のために行われるものだ。そのため，事業部門などビジネスモデル改革を行おうとする事業主体者と生産部門が横断的に検討することが必要となる。なぜならば，どのようなビジネスモデルの刷新が求められるのかの議論から生産部門の人材が入り議論しないと，生産部門としても納得感を持って改革に取り組めないからだ。

　こうして，コスト低減，品質向上について，日頃の改善を積み上げてきた生産部門が，顧客に対する提供価値の変革，ビジネスモデルの刷新の議論に加わることにより，生産部門はより戦略的に提供価値の改革の実現に向けて，大きな役割を担うこととなる。

(2) 生産部門の強みの棚卸

　富士ゼロックスが自社の生産ノウハウを整理し，富士ゼロックスプロダク

ションウェイとしたことで，自社の生産ノウハウを活用したソリューション提供をすることができている。つまり，"事業を創る"ことにおいて新たなる顧客への提供価値を実現するには，自社の生産部門が持つ強みを可視化することが必要となる。このように自社の生産の強みを棚卸することにより，"事業を創る"ことでの提供価値の実現において，生産の強みをどのように生かすか具体的に考えることができる。例えば，生産部門が持っている生産管理，品質管理，加工技術などの生産技術について，社内でのノウハウをまとめ，可視化することが考えられる。また，生産現場で生きている価値観も含め，形式知化することも意義が大きい。こうしたことは多くの製造業の生産現場ではすでに行われていることであるが，今一度こうした強みの棚卸を刷新しておくことが求められる。なぜならば，IoTの時代において，生産に求められるものは大きく変化する。より市場の変化にタイムリーに生産は応えていかなければならなくなる。こうしたなか，自社の生産現場の強みを再整理しておくことが必要となる。例えば，キヤノンはカメラの生産において，IoT時代に合わせた生産の無人化を実現している。これはキヤノンが過去から培ってき生産現場における改善，自らの生産ノウハウを形式知化し，その基盤のうえに，生産技術本部において，無人化を実現するためのプロセス改革，生産設備の開発を進めたことが大きな要因ではないかと考えられる。

(3) 生産に求められる機能の具体化

自社に求められる提供価値の実現に向けて，生産にどのようなことが求められるのかを明確にしなければならない。

① 生産に求められる機能の具体化を進める理由

こうした生産に求められる機能の具体化を進めなければいけない理由としては，1）顧客への提供価値・ビジネスモデルの刷新，2）ICT技術の進展がある。

1） 顧客への提供価値・ビジネスモデルの刷新

例えば先述したセーレンであれば，小ロット，短納期生産などが求められる要件として求められた。そこから，それを実現する具体的方法として，CADによるデジタルデータ化とデジタルインクジェットプリンタによる生産プロセスの刷新が具体的な方法として導き出された。

また，米ボーイング向けに航空機向け飛行姿勢制御システムを納入するナブテスコもボーイングへの提供価値の刷新を実現するために，顧客に密着したMRO（Maintenance, Repair, Overhaul）体制構築が必要であると明確に定義し，構築した。その結果，ナブテスコは，ボーイングによる2013年度サプライヤー・オブ・ザ・イヤーを受賞している。

また，素材産業においては，顧客とともに生産技術を開発することが求められている。例えば，東レが実施しているように，顧客と密接にコミュニケーションをしながら，顧客とともに生産技術を開発することが求められている。

このように，顧客への提供価値・ビジネスモデルの刷新を進めていくためには，生産機能の刷新を行う必要があり，求められる機能の具体化が必要となっている。

2） ICT技術の進展

さらに，重要なる外部環境の変化として，IoTなどのICT技術が大きく進化したことがある。つまり，ドイツ企業に見られるように，多様化する顧客のニーズに応じて，生産ラインを柔軟に切り替えられるようなIoT技術を活用した生産体制の構築も可能となっている。こうしたICT技術の進化により，セーレンが実現しているような，顧客のニーズにカスタマイズ対応できる生産プロセスの構築も可能になっている。

② **具体化の進め方**

生産に求められる機能の具体化をするため，(1)で述べた，実現したいビジネスモデルの明確化のプロセスのなかで，事業部門と生産部門が一体となり，ど

のようなビジネスモデルが必要となるのかを明確にし，そのビジネスモデルを実現するために，生産部門に求められるものは何かを具体化しなければならない。

こうした生産に求められる機能の具体化は，生産部門だけで行うことはできない。したがって，生産に求められる機能を実現するために，事業部門，情報システム部門，生産部門が一体となって，生産に求められる機能の具体化を進めなければならない。そのためには，事業部門は求められるビジネスモデルとそのために必要となるICT技術，生産部門に要望する機能改革を描き出し，それをもとに生産部門，情報システム部門と協議を重ねなければならない。こうした活動は全社横断的活動となるため，経営企画部門が事務局的機能を果たしながら，生産に求められる機能改革とそれに向けた改革のロードマップを描き出していくことが必要である。

(4) 生産・事業・情報システム部門横断でのプロジェクト推進による人材育成

(3)で述べたように，生産機能はICTの技術革新を取り込み，より顧客に密着した機能刷新を進めなければならない。そのため，生産に求められる機能が具体化したら，生産のみならず，事業部門，情報システム部門が横断で，プロジェクトを推進する。生産部門は自社が持つ生産の強みを生かしたビジネスモデルの刷新という見地から，さらに情報システム部門はビジネスモデルを実現するために，求められるものを具体的に要件定義し，システムに落とし込む。

このために，必要なことは，生産現場がわかり，ICT技術を理解する人材をいかに育成していくかである。

昨今，IoTやインダストリー4.0などの影響から，多くの製造業において，IoTを生かした生産機能の刷新を進めようとしている。しかしながら，多くの企業が直面することは，生産現場を理解し，ICT技術を理解している人材が非常に乏しいことだ。

そのために，生産と情報システム部門，事業部門横断でプロジェクトを推進

するとともに，情報システム部門と生産部門などでのローテーションの実施など人材の育成を日頃から進めることが求められる。

　身近にすぐできる活動としては，情報システム部門は生産管理部門，事業部門にヒアリングを行い，実現したいビジネスモデル，それを実現するために生産に求められる機能，それを支えるためにどのようなICTの機能が必要になるかの整理をし，要件定義を事業部門，生産管理部門と議論を行いながら進めることが必要となる。情報システム部門には生産，事業に精通した人材は現在少ないかもしれないが，こうしたプロジェクトを通じて，ビジネスモデルを実現するために，戦略的に情報システムを構築しなければならない。また，こうしたプロジェクトには，優秀なる人材を投入するとともに，さらにプロジェクトに参画した履歴は人事レコードにしっかりと残し，"事業を創る"ためのビジネスモデル改革において，プロジェクトを起こす際，人材の招集が行える仕組みも構築していくことが求められる。

(参考文献)
- 富士ゼロックス　ホームページ
  https://www.fujixerox.co.jp/solution/management/xpw.html
- セーレン　VISCOTECSを核にした新しいビジネスモデルの創出（結川孝一氏資料）
- 日経ビジネス
  http://special.nikkeibp.co.jp/atclh/NBO/15/i40summit1123/p1/
- 東レ　ホームページ
  http://www.toray.co.jp/technology/organization/laboratories/lab_011.html
- 特別レポート　東レの自動車材料事業戦略（PDF，WEBで公開されている資料）

第4章

各業種でみる "事業を創る" の進め方

- ✓ 自動車
- ✓ 社会インフラ
- ✓ エレクトロニクス産業
- ✓ ヘルスケア産業

1 自動車

1 自動車事業の事業環境

　自動車はガソリン車が世に誕生した1885年から，内燃機関の変化を除けば長らくかたちを変えずに進化を遂げてきた。すなわち，航空機や鉄道が既に自動運転機能（オート・パイロット）が本格的に実装されているのに対して，自動車はいまだ人がアクセルやブレーキペダルを踏み，道路の白線を目で見てハンドルを切る，という極めてアナログな操作が求められている。

　一方で，自動車における自動運転技術は，ここ数年で飛躍的な進歩を遂げたのも事実である。「ぶつからないクルマ」で一躍脚光を浴びた自動ブレーキや，アクセルとブレーキの踏み間違え防止機能など，自動車を制御するための機構の開発こそ以前から盛んに行われていたものの，自動運転となると，技術的な難しさに加えて，自動運転車が事故を起こした場合に誰が責任を負うかなど，長年にわたって安全・安心を追求してきた自動車メーカーの開発者にとって，完全な自動運転が実現するのはSF映画の中だけと考えている節がどこかにあった。ところが，GoogleやAppleなど，異業種企業の事業参入が，自動車メーカーに「待ったなし」の危機感を与え，各社こぞって半自動運転，完全自動運転の実現時期をロードマップとして開示した。

　自動車メーカーの間で自動運転の技術開発競争が過熱化するかたわら，自動運転の実現とその後の世界を見据えて，業界内で様々なビジネスモデルが誕生し，企業による差別化の方向性は多様化した。

　まず，自動運転のレベルが進展すればするほど，自動車本体よりも，車両や部品の中に多数搭載されているセンサーやカメラといったデータを吸い上げる

図表4-1 自動運転実用化時期

凡例: 高速道自動運転 / 一般道自動運転

		2016年	2017年	2018年	2019年	2020年	2021年	2022年	2023年	2024年
日本	Toyota	高速道自動運転	→	→	→	一般道自動運転	→	→		
	Nissan	高速道	→	一般道	→					
	Honda	高速道	→	→	一般道	→	→	→	→	
米国	GM	高速道	一般道	→	→					
	Ford	高速道自動運転	→	→	→	→	→	→	→	→
	Google	高速道	→							
欧州	Daimler	高速道	→	→	→	一般道	→	→	→	
	BMW	高速道	→	→	→	→				
	Audi	高速道								
	Continental	高速道自動運転	→	→	→	→	→	→	→	→

ための個別のコンポーネントの重要性が増してくる。例えば，自動運転を実現するためには，この先の道路の路面に陥没がないか，路面が凍結していてブレーキが利きにくい状態ではないか，路肩に故障車が止まっていてよけなければならないかなど，レーンレベルでの高精度のHD地図データをリアルタイムに収集し，走行中の車両に配信する仕組みが必要になる。この分野では，ContinentalのeHorizonに代表されるように，コンポーネント側を握っている部品メーカーが地図生成企業と組んでサービスのデファクトスタンダード化を推進しており，従来のようなサプライヤーという位置づけを超過したポジションを確立している。

　また，自動運転実現後にはヒトの移動の仕方，自動車に対する価値観が大きく変わると考える企業が新たなビジネスモデルの展開を始めた。代表的な例としてはUberやGrab Taxiによるライドシェア・カーシェア用のプラットフォームビジネスがある。彼らは自動運転が実現した暁にはヒトはバスやタクシーを利用するような感覚で，クルマを所有せず利用したいときにだけ利用するとい

うオンデマンド型のサービスが主流になると予測している。

　このような世界が到来すると，当然ながら自動車の販売台数は減少する。すると，これまでのマーケットシェア，セグメントシェアを争うという古典的な市場の陣取り合戦から，クルマをいかに高回転で利用したいヒトのもとに配車できるか，いかに到着予測時間どおりにヒトを目的地まで送り届けられるか，というクルマを使ったサービス事業の重要性が高まる。その際に重要になるのが，サービスを利用する会員の数と，会員に提供できる車両の数である。そこでUberは，完全自動運転が実現していない現在から，有人のクルマでライドシェアのサービスを展開し，会員の囲い込みとそもそもどこの都市・場所・時間帯にどのくらいの配車ニーズがあるかというデータを蓄積し，自動運転時代のプラットフォームビジネスに備えている。

　それ以外にも，自動運転の進展に伴い，エンジンなどのパワートレイン周りのECUをはじめ，様々な車両の走行・制御に関するデータが集まってくる。これまでも自動車メーカーの内部では試験用の車両を用意して，このようなデータを収集し，性能や品質のテストを行っていたが，自動運転が実現した世界では，道路上の全ての車両からこのようなデータが秒～ミリ秒単位で集まる。これらのビッグデータからは，クルマの使用環境，ユーザーのクルマの乗り方，部品単位での不具合の兆候などが分析でき，その結果を次期の製品開発やユーザーへのサービス提案に活かそうというデータ活用の動きがにわかに注目されている。

　この分野では，IBM，日立，富士通といったITベンダー企業やコンサルティング企業がデータ分析に必要なリソース・ノウハウといったソフトインフラ，データを貯めておくクラウド環境といったハードインフラの提供を行っており，自動車メーカーが特に社外リソースを積極的に活用している分野になっている。

　このように自動運転を契機として，業界内外の様々な企業によって新しいビジネスモデルが生み出され，自動車の周辺ビジネスはこれまで以上に裾野が広く，複雑化してきている。

2　求められる変革の方向性

　このような環境変化のなか，自動車業界は今後，デジタル化を活用したビジネスモデル改革を進めようとしている。自動車はインターネットにつながることにより，売切り事業モデルから，必要なときに使うシェアードエコノミーに変わっていく。インターネットに接続された自動車は，所有されるのではなく，必要な都度，使うモデルに変わるだろう。Uberなどのサービスモデルは自動車業界のビジネスモデルにも大きな影響を与える。例えば，UberやGrab Taxiによるライドシェア・カーシェア用のプラットフォームビジネスの登場により，自動車を"所有する"から"利用する"オープン型のサービスが主流になる。さらに自動運転が進展していくことにより，自動車会社が軌道系にかわる交通システムを提供することも考えられる。つまり，交通インフラとしての電車を通すことよりも，自動運転による輸送サービスを提供するだろう。

　こうした変化に対応するため，自動車業界関連製造業に求められるのは，(1) ICTを活用したビジネスモデルの構築，(2)迅速なる仮説検証，(3)ビジネスモデル実現のために必要となる技術の外部からの獲得がある。

(1)　ICTを活用したビジネスモデルの構築

　自動車は，インターネットにつながり，様々な情報を取得することができる。こうしたなかで，求められるのはビジネスモデルの構築力であろう。

　製品単独での事業ではなく，製品とICTを組み合わせ，データを解析することにより，"製品を売る"から"移動サービスを提供する"などのサービス事業モデルの構築を行うなど大胆なる発想の転換が求められている。つまり，ICTの技術により，獲得できる情報をどのように生かしていくのか，そしてそこからどのような収益モデルを作り出すのかといったビジネスモデルを構築しなければならない。車両から集まるデータにより，予兆保全をすることでサービス提案を行うのみならず，自動運転の技術を活用することで，サービス事業に参入していくことも考えられる。重要になるのは獲得したデータを顧客に

とってどのように価値のあるものにするか，そしてそのために必要となる通信インフラのコストをどう回収するのか，といったインフラコストの負担の仕方と料金での回収の仕方をビジネスモデルとして構築していくことである。当面，テレマティックスを活用した予兆保全などによる保守サービスの充実などできるところから検討を開始することが必要である。そして今後，2020年以降に各社が実現を目指す，特に一般道での自動運転のロードマップとあわせ，シェアリングサービスなどのサービスビジネスモデルの構築を検討していかなければならない。

(2) 迅速なる仮説検証

　自動車がインターネットにつながることにより，様々なICT業界のプレイヤーが新しいビジネスモデルの構築に参入している。Google，Uberが代表的なプレイヤーであるが，こうしたプレイヤーは自動車会社の開発サイクルと比較すると圧倒的に短いサイクルで事業コンセプトを作り，アジャイル型での開発を行い，仮説構築と検証を繰り返している。こうした早い時間軸でまわしていく事業者は，自動車を造ることよりも自動車を使ったサービス提供を行うことが目的であり，顧客とも常に直接の接点を持っているため，常に多くの顧客からのフィードバックを受け取りながらサービスモデルを高度化していく。

　自動車メーカー，もしくは自動車関連メーカーはICTの時間軸を取り込み，事業としての完成形を待たず，仮説構築と検証をすばやくまわしていく風土を構築していくことが求められる。そのためにはビッグデータの解析やプラットフォームの開発などについては積極的にICTベンダーとの対話の機会を持ち，人材のネットワークを構築しながら人材ネットワークを構築する，もしくはこうした人材を内部に取り込むなど人材リソースの強化をしていかなければ，高速に仮説検証を進めていく事業の進め方は難しいだろう。例えば，トヨタ自動車では，eトヨタなど既存の自動車事業とITを融合させる取り組みを迅速にまわしている。自動車もしくは自動車関連メーカーのGoogleなどIT企業との違いは，何よりも自動車事業で鍛えた"走る，止まる，曲がる"の基本性能にお

ける安全性，快適性の追求により鍛え上げた経験知を基に，ユーザーの目線に立ったICTの活用が検討できることにある。こうした強みを生かし，仮説検証の推進を迅速にまわしていくことが必要だ。

(3) ビジネスモデル実現のために必要となる技術の外部からの獲得

さらに，ICTにより，自動車がつながることにより，顧客にどのような提供価値が実現できるのか，そのビジネスモデルを考え，それを実現するために重要な技術を明確にする。そして，それらの技術に対する高い感度を持たなければならない。そして，ICT技術の激しい変化，発展を取り込むために，AIやデータ解析などの技術を持つ企業とのアライアンス，そうした知識，経験を有する人材の獲得をしなければならない。

例えば重要と定めた技術領域については，ベンチャーキャピタルや調査会社などを生かし，対象企業をリスティングし，技術動向をモニタリングすることが必要だ。

さらに，コネクティッドカーによる新しい事業モデルを推進するトップがシリコンバレー，イスラエルなどに存在する先端技術を保有する企業を訪問し，有望な企業であれば，POC（プルーフオブコンセプト）を迅速に推進することで，トライ＆エラーを素早く繰り返しながら，ビジネスモデルの構築をしていくなど，企業風土を変える取り組みが必要だ。また，日本メーカー間での提携の促進も有効であろう。例えば，デンソーはソニーとの技術提携により，光量の少ない夜間でも正確に被写体の撮影が可能な車載用画像センサーを開発している。日本のエレクトロニクスメーカー，光学メーカーは優れた画像認識技術を持っており，こうした技術は今後自動運転で重要となる光量が少ない夜間や逆光での画像認識を行うのに非常に有効である。ティア1メーカーは海外メーカーのみならず，国内光学，エレクトロニクス，素材メーカーなどの保有する技術で過去取引がないメーカーも含めた技術の探索と採用がより必要になるだろう。

3 先進事例

(1) トヨタ自動車

　トヨタ自動車はコネクティッドカーの統括部署として設立した「BRコネクティッド戦略企画室」をわずか1年でビジネスユニットに格上げし，2016年4月に「コネクティッドカンパニー」を設立した。その狙いは，カーシェアやライドシェア，テレマティックス保険など，加速するデータ活用を全社横断的に支援することにある。

　車両に搭載したDCM（Data Communication Module）経由で収集した走行データや使用環境データ，販売店経由で収集したサービス関連データをトヨタスマートセンターと呼ばれる大規模情報収集基盤に蓄積し，その上位にモビリティサービスに必要とされる様々な機能を備えたモビリティサービス・プラットフォーム（MSPF）を構築する。

　MSPFによって，トヨタ自動車は社内の各ドメインに散らばったデータを統合できるだけでなく，車両運行管理システムやリースプログラムといった国内外の複数の外部事業者とのインターフェースが必要となるサービスも全てトヨタ品質で提供できるようになる。

　なお，MSPFの構築・運用に当たっては，2016年6月にKDDIとグローバル通信プラットフォームを共同で企画・設計することを発表している。

　一方で，シェアリングビジネスの生命線となる配車の仕組み，そして車両に搭乗中のユーザーへの行動提案など，これまでつくる領域で差別化してきた自動車メーカーにとって，つかう領域での経験は少なく，アイデアにも乏しい。トヨタ自動車も決して例外ではなく，2016年5月にはUberとの戦略提携を，10月には個人間カーシェアのプラットフォームを手掛ける米国のGetaroundへの出資を相次ぎ発表した。一日の長がある企業のナレッジを取り込み，MSPF上でのシェアリングビジネスの実現を加速させる狙いがある。

　また，自動運転やシェアリングビジネスを含めて，車両データを活用した事

業展開の成否を左右するのがデータ分析実務そのものである。自動車メーカーではいわゆるデータサイエンティストと呼ばれる枠で人材を採用・育成してこなかったため，社内の分析人材は枯渇している。この点に関して，トヨタ自動車は2015年10月にAI・機械学習分野のベンチャー企業のPreferred Networksに10億円を，2016年5月に日本の人工知能研究の第一人者である東大の松尾教授の寄附講座にオムロン，パナソニックなど計8社の共同で9億円の出資を行うなど，社外のリソース・ナレッジの活用を積極的に進めている。

自動運転用の車両制御ロジック，クルマの部位別の故障予測，工場設備の予兆保全など，データを活用する分野，対象によって当然適した分析手法は異なる。Preferred Networks社長の西川徹氏も「これまで機械学習を実現するためのコア技術を自分たちでつくってきた。単に機械学習を使うだけでなく，手法それ自体をゼロからつくれることが強み」と語るなど，今後多岐にわたるデータの分析に対応するためには，特定の手法にとらわれず，ゼロスクラッチで様々なユースケース（分析ニーズ）に対応できる人材が求められる。

トヨタ自動車は日米だけで年間約400万台を販売する。1台当たり1年で1万キロ走行したとして総走行距離は年間400億キロにもなる。そこから毎秒〜ミリ秒単位で生み出されるビッグデータを分析するためのリソースは決して社内だけではまかなえない。今後も分析企業各社との提携・協業はより一層拡大していくものと考えられる。

(2) 本田技研工業

本田技研工業は1981年に世界初のカーナビを誕生させた。その後も他社に先駆けてカーナビを進化させ続け，2003年には「インターナビ」という双方向通信型カーナビを誕生させた。インターナビは通信機能を組み込んだカーナビだ。地図情報などを更新するためのダウンロード方向の通信のみならず，利用者から自動的に走行データ（インターナビ・フローティングカーデータ）を収集するアップロード方向の通信を行うことで，様々な先進的サービスを実現した。

例えばフローティングカーデータを用いることによりVICS（道路交通情報

通信システム）ではカバーしきれない細かな道路の走行状況を補完し，渋滞回避の精度を向上させたルート案内サービスを提供している。また蓄積されたフローティングカーデータを分析することで得られた情報を活用し，もっとも省燃費なルートや最速なルートを提供するサービスも行っている。その他，インターナビならではの特徴的なサービスとして，目的地までの気象情報や路面凍結予測情報，地震や大雨などの災害発生時の通行可能な道路情報などを，リアルタイムに提供している。

　この本田技研工業のインターナビ・サービスを支えるフローティングカーデータとは，GPSから得られる「位置」と「時間」の情報を基本とし，さらに車のセンサーから得られる「車速データ」のマッチングなどを行ったうえで，今度はサーバ側で，情報のスクリーニングを行い，無意味なデータを排除して創出している。

　また，このフローティングカーデータは，車種や年式にかかわらず，インターナビを装着しているすべての車から等しく収集される。1台の1回当たりのアップロードデータは少量だとしても，膨大な台数の車から，数分，あるいは数秒といった極めて短いインターバルで情報を収集しているインターナビのサービスは，まさしくビッグデータの活用と呼べる。

　インターナビ会員数は既に250万人を超えているが，その数が大幅に増加した要因は，2010年に市場投入したハイブリッドカー「CR-Z」から開始した，通信モジュールの標準装着，通信費の無料化という「リンクアップフリー」である。現在では，新車として販売中の全車種・全純正インターナビでリンクアップフリーを提供済みである。つまり，本田技研工業の純正カーナビ搭載車が売れると，販売店で車を受け渡した時点から情報のアップロードを始めるため，非常に大量のデータが本田技研工業へ集まってくる。走行距離に換算すると，現在では毎月3億キロメートル分にも及ぶデータがアップロードされている。そして，データが爆発的に増加したことで，提供する情報の精度も高まった。

図表4-2　インターナビのコンセプト・サービス

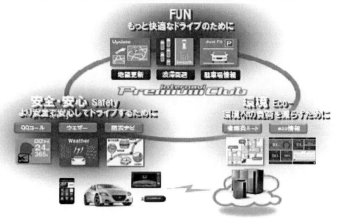

さらに本田技研工業は，車のドライバーに交通情報や気象情報をはじめとする防災・減災情報を提供するサービスにとどまらず，フローティングカーデータというビッグデータを，社会に役立てる活動にも取り組んでいる。2007年に実施した埼玉県との取り組みでは，フローティングカーデータから，道路上の急ブレーキポイントを抽出し，県に提供した。道路管理者が現場調査をして原因を特定し，対策を行うことで事故防止につなげようとしている。実際，急ブレーキが多発している地点に行ってみると，飲食店の駐車場出口と道路が交わる場所にある樹木が剪定されておらず，非常に見通しが悪くなっていたというケースがあった。そこでこの樹木の剪定を行ったところ，急ブレーキの回数は即座に減少した。

このように，埼玉県では，同社が提供した減速度データをもとに急ブレーキ多発個所マップを作成したうえで，路面表示による速度抑制の注意喚起，植栽剪定といった対策を実施し，効果はてきめんに表れ，急ブレーキ発生回数は約

7割減少し,急ブレーキ多発箇所の9割にあたる135か所で改善効果を得られた。

また,東日本大震災時には,インターナビによる通行実績情報を公開し,救急車両の運行に多大な貢献をした。震災翌日の3月12日朝より,インターナビ会員の車両から収集した走行実績データを活用した道路通行実績情報を誰でも利用できるフォーマットで公開し,被災地での通行可能道路に関する情報提供を行ったのだ。

しかし通行実績表示のない道路が,単にインターナビ車両が走行していなかったのか,それとも実際に道路決壊で実績がないのか判らないという問題があった。そこで,3月16日,経済産業省とITS-Japanの呼び掛けでフローティングカー情報(プローブ)を実用化しているホンダ・トヨタ・日産・パイオニアの4社が経済産業省に集結し,3月19日にはこの4社のデータに加え,道路管理者から提供された通行止め情報をITS-Japanで組み合わせて公開をした。

図表4-3　東日本大震災での取り組み

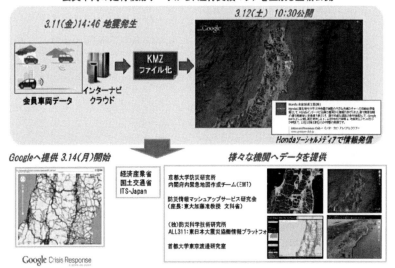

その結果，震災発生から数週間以上経過すると，大半の道路は通行可否の把握が可能となった。しかし今度は，被災地に向かう車で大渋滞が発生するようになったため，通行実績マップに渋滞情報を付加した「渋滞実績マップ」を作成した。そのデータをGoogle及びYahoo!へ提供して4月27日より一般公開し，被災地の救急車両の運行をスムーズにした。このように，本田技研工業のインターナビを活用したサービスは，顧客の利便性を向上させるに留まらず，社会に対しても新たなニーズや付加価値を生むものである。また，それを生み出すためには，自社だけではなく，大学などの研究機関や行政との連携を行っている。

また，常に顧客からのフィードバックを意識し，市町村などの外部ともコミュニケーションしながら，どのようなデータが顧客にとって，市町村等の社会にとって意味があるのかを問い続けてきたことも，重要な点である。インターナビは，まさにビッグデータ活用のすばらしい事例であるが，決してデータ解析を起点にサービスを考えるのではなく，ユーザー起点で考え，データの活用はあくまで手段としている点も評価すべきであろう。

4 "事業を創る"モデル実現に向けて

車両データを活用した"事業を創る"モデルを実現するためには，(1)クロス・ドメインのデータ活用基盤の構築，(2)分析活動のスモールスタート，(3)走りながらの事業計画作成の3点がポイントとなる。

(1) クロス・ドメインのデータ活用基盤の構築

日本の自動車関連企業によくあることだが，製品軸，機能軸といったドメインごとに草の根レベルで分析活動を行っている。GEやコマツなどのように全社大で分析業務を統括・推進する部門や別会社を設置していないため，分析用のデータ収集・蓄積環境がドメインごとにばらばらであることが多い。乗用車部門ではAWS（アマゾン・ウェブ・サービス），商用車部門ではマイクロソフ

トのAzureといった具合だ。これでは，環境の構築，維持費用が余分に掛かるだけでなく，社内で複数の機能をまたいだ分析を1つの環境のうえで実行できず，分析がドメインの枠を出ない。例えば，特定の車両の品質問題の原因を特定する際に，それが材料品質の問題なのか，製造品質の問題なのか，輸送品質の問題なのか，ユーザーの使い方の問題なのかの分析が実施しにくいわけである。こうした問題を避けるために弊社が推奨しているのが，クロス・ドメインのデータ活用基盤の構築である。コネクティッドデータという大容量のデータを貯めて，分析用に吐き出すための環境を1つに統合する。これによって社内にあるあらゆるデータを一元管理でき，色々な分析が1つの環境のうえで実行できる。この環境をテレマティックス部門や全社の分析統括部門が構築，運営していくことが求められる。

(2) 分析活動のスモールスタート

　データ分析といっても，エンジンの故障原因分析，ハイブリッド用バッテリーの寿命予測，製造設備の予兆保全，リコール対象車両の見極めなど，開発から生産，アフターサービスまでテーマは多岐にわたる。また，エクセルのグラフによる可視化から，RやPythonといったプログラミング言語による機械学習のロジック生成まで，分析のレベルにも幅がある。社内の分析リソースやノウハウが不足していることもあり，各部門単位で分析には取り組んでいるものの，データから精度の高い答えに辿り着けているケースは意外と少ない。分析環境の規模要件や導入すべきツールを選定するためには，社内にどのようなユースケース（分析ニーズ）があり，どのような手法で答えを出すか，要件をつめていかなければならない。そのためには，社内のユースケースを棚卸，類型化して，外部企業も活用しながら，一つひとつのユースケースに丁寧に対応していくことが求められる。一件ずつ対応していくので時間は掛かるが，一気に大量のユースケースを対象に分析を進めることは社内外のリソース上，現実的ではない。一般的にデータ分析が進んでいると称される企業もこの進め方をしており，世の中的にはスモールスタートといわれている。分析の業務・シス

テムの要件を出すための近道といえる。

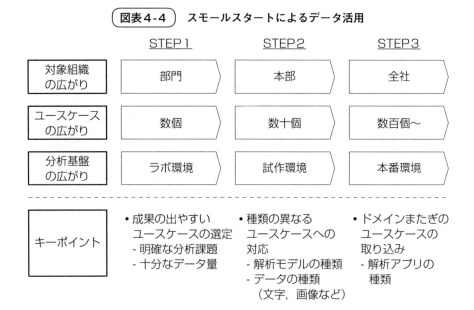

図表4-4　スモールスタートによるデータ活用

(3) 走りながらの事業計画作成

　データ活用基盤の構築，分析活動のスモールスタートのいずれにしても，データを活用するための予算をどう確保するか，というのは各社共通の悩みである。新規事業の展開によってどれだけのキャッシュが生み出せるか，データ活用によってどれだけ社内の業務を効率化できるか（コスト削減効果）などを算定し，ボトムアップで事業計画を策定する企業が多い。しかしながら，データ活用のための投資は膨大であり，必ずしもペイするという保証もないなかで，美しい事業計画を描くことにあまり意味はない。むしろ，コネクティッドデータ活用そのものが自動運転やテレマティックスサービスの根幹となり，競争領域になるという危機感をトップマネジメントが持つことが重要であり，そうなればおのずと予算は確保されるはずである。

自動車業界は，自動運転，シェアリング・エコノミーなどの進展により大きくその事業環境は変化していく。こうしたなか，限られたリソースのなかで，領域を絞った検討も必要になるだろう。例えば，B2Bの産業車両に絞った検討を行うなど，自社の強みを足場にした"事業を創る"ことも必要となる。

2 社会インフラ

1 社会インフラ事業の事業環境

　内需を中心に成長してきた重電メーカーは現在，日本国内市場を中心とした競争環境から，グローバルに戦う市場環境へと大きく変化している。こうした環境下において，GE，シーメンス，ABBなどのグローバル企業と競争しなければならなくなっている。こうした環境のなか，先進国市場でも新興国市場でも中国，韓国メーカーの攻勢はすさまじく，国をあげた営業活動が展開されている。とくに交通システムの分野では鉄道車両メーカーの南車と北車の統合など中国企業は巨大化し，国際競争力も急速に増している。

　さらに，新興国メーカーのみならず，GEやシーメンスなど先進国メーカーにおいても，メーカー単独というより，国と一緒になって，営業活動が行われている。例えばGEはベトナムの商工省と2025年までに風力発電1,000MW以上の出力，約180万世帯分の出力を目指す覚書を締結しているが，こうした大規模な"事業を創る"ことはGEが政府系関連機関などと連携し，狙いとする地域政府に食い込んでいることが大きな要因である。

　こうした動きに対して，日本政府も，社会インフラの輸出に大きく舵を切り，アジア諸国など新興国に対して，日本のインフラシステム輸出を伸ばそうとしている。

　しかしながら，新興国を中心とした，社会インフラの需要に対して，単に製品を提供するだけでは，その市場を開拓していくことは難しい。

　なぜならば，社会インフラにとって，製品のみならず，運用・サービスの重要性がかなり高いからである。水，交通システム，電力などのインフラ整備に

は，高い性能を持つ製品も重要であるが，顧客にとってさらに重要なのが運用・サービスに関するノウハウである。どんなに性能が良いガスタービンや原子力発電所が導入されても，電力というユーティリティサービスを安定して供給できる運用技術がなければ，国民の生活レベルは上げられないし，産業の成長を支えることはできない。

　重電業界，とりわけ電力システム分野は，三菱重工業，日立製作所，東芝，IHI，川崎重工業など大手の重電メーカーが存在するように，日本が非常に強みを持つ領域である。しかしながら，昨今は，GE，シーメンスといった大手が本業界において再編を繰り返しているように，世界規模での再編が起きている。例えば，GEはアルストムのガスタービン事業を買収し，さらに，送配電・再生可能エネルギー（洋上風車・水力），蒸気タービン，原子力の3事業において，アルストムと折半会社を設立することを発表した（2015年7月）。独シーメンスと三菱重工業が共同でGEに対抗したが，もともと金銭的条件で勝っていたGEが，フランス政府の意向をくんだ大幅な修正案を提示したことが決め手となり，本買収を成功させた。

　三菱重工業が主力とする火力発電設備事業の売上高を比較すると，GE・アルストム連合の事業規模は3兆円近くに達し，三菱重工業（日立製作所との事業合弁後の売上高は約1.2兆円と，GE・アルストム連合の半分にも満たない）との差は一段と広がってしまった。GEはアルストムの地元である欧州，さらに中東，アフリカ等の地域的カバレッジの強さのみならず，ICTの技術を生かした事業展開により競合他社との差別化を図っている。具体的には，「インダストリアル・インターネット」という産業機器とビッグデータを結びつけるネットワークを確立させるとともに，顧客の操業データを分析することで（オペレーションテクノロジー），顧客の生産性を高めることをアピールしている。

　こうした市場環境の変化のなか，製品営業を中心に展開する日本の重電メーカーはたいへん厳しい状況に立たされている。

2　求められる事業モデルの変化

こうした大きな競争環境の変化においては，(1)パッケージ型事業モデルの確立，(2)顧客軸での提案体制の構築が必要となる。

(1) パッケージ型事業モデルの確立

これまでの日本の重電メーカーの事業提案は案件が発生する確率があがってから，自国のリソースを中心として，ガスタービンや車両などの自社製品を提案することが多かったが，こうした厳しい環境下での社会インフラ事業においては，そうした営業スタイルを抜本的に見直すことが求められる。

具体的には，現地政府等が，エネルギー開発や交通インフラ整備などの社会インフラを構築していく際に何に悩んでいるのか，何を課題としているのかを理解したうえで，中長期的視点で，それらを解決するような事業シナリオを提案していくことが重要である。そこには，単に自社製品を売り切るだけのシナリオは存在しない。そのうえで，自社のみならず，データ分析，保守サービス，ファイナンスなど，アライアンスパートナーを含めたパッケージ型の事業モデルを構築することが必要となってくる。その際，政府系金融機関などとも連携し，ファイナンススキームを組み合わせながら，"事業を創る"ことも有効であろう。

(2) 顧客軸での提案体制の構築

インフラ事業において，製品軸ではなく，顧客軸がリードする形での提案体制が必要となる。なぜならば，日本のインフラ関係のメーカーは顧客のニーズが顕在化してから具体的な提案を開始することが多いが，その一方で，GEやシーメンスは，新興国含めた現地政府及び重要企業に対する顧客軸での提案体制を徹底しており，顧客のニーズに基づいた中長期の提案体制を構築しているからである。そのため，日本企業が提案に乗り出すころには，GE，シーメンスの提案に基づいた仕様に染まってしまっており，不利な戦いを強いられるこ

とも多い．こうした状況から脱却するためには，製品軸ではなく，顧客起点で顧客の悩み，課題の整理をすることが必要である．

3 先進事例

こうしたパッケージ型事業モデル，顧客軸での提案体制を既に構築している先進事例としては，GEのGGO，日立製作所の欧州鉄道事業などがある．ここでは，それらの代表的な取り組みを解説する．

(1) GE

GEは，グローバル戦略において，重点的に展開すべき新興国として，ラテンアメリカ，中国，オーストラリア＆ニュージーランド，中東・北アフリカ・トルコ，アフリカサブサハラ地域（サハラ砂漠以南地域）を位置づけているがそれら地域を重点的に攻略するために，現地ニーズを分析したうえで，エネルギー（ガスタービン），ヘルスケア，ロコモティブ（交通システム），航空など各事業での事業機会を抽出し，事業部門を引っ張りながら推進している．

GEは2012年，こうした新興国での成長を促進するため，Global Growth & Operations（GGO）という組織を立ち上げ，世界120カ国に展開しながらも，各拠点では，最適なビジネスのやり方を確立しようとしている．これにより，グローバル展開とローカル展開のバランスを取っているのである．例えばGGOは，自らが潤滑油となって事業部門間での連携を促進し，顧客が求めるスピード感で現地ニーズに即した対応を行っている．

GGOは同社の副会長であるジョン・ライスが率いている組織であり，本部を香港に配置している．CEOのイメルトに準じて，GEの経営をリードしているジョン・ライスが本社の米国ではなく，今後成長著しいアジアの香港にGGOの本部を設置し，新興国市場での成長シナリオを自ら陣頭指揮を執り，新興国に近いところで強力なるリーダーシップを執っていることが特筆される．また，GGOはGEの各事業部門の人員で構成されているが，加えて，新興国地

域の政府に強いコネクションを保有する人材などを採用するなど，現地政府への案件体制を強化している。より，地域に密着した形で現地ニーズに合致した商品を提供できるように，サプライチェーンの現地化も並行して進めている。例えばベトナムでは，同社は2009年にハイフォンに進出したが，同地において風力発電用タービンを現地生産する体制を構築している。

(2) 日立製作所

　2012年7月24日，日立製作所はイギリス運輸省からIEP（都市間高速鉄道計画：Intercity Express Programme）の主要幹線向け車両596両の製造と，27年半にわたる保守事業の一括受注に成功した。しかしながら，そこに至るまでには様々な障壁に直面することになった。ここでは，同社がどのようにして，それらの障壁を乗り越えてきたかを紹介する。

① 商慣習の壁：投資対効果を定量的に証明

　高速鉄道プロジェクト発注の際には，不況下のイギリス国内では日本系企業に発注することへの批判が起こったことに加え，実績を持つカナダのボンバルディア，ドイツのシーメンス，フランスのアルストムといった，世界ビッグスリーらの攻勢も増すなど，様々な厳しい条件がそろっていた。そんななか，日立製作所が受注を獲得できたのは，投資対効果がイギリス運輸省から評価されたからだといわれているが，その背景には，日英の商慣習の壁を乗り越えるための悪戦苦闘があったことはあまり知られていない。

　日本では「衝突しない」ことを前提に，車両単体ではなく，「システム全体の安全」を鉄道会社と車両メーカーが協力して実現することで安全性を担保しているが，英国では「衝突する」ことを前提に車両の強度を規格し，それを遵守していることをメーカー側が一つひとつ証明することで安全性を担保している。

　これらの証明作業は日本内部では，JRなどの運行事業者と日立製作所のような製造事業者との間で，「阿吽の呼吸」で行われているものであり，明文化

されていないものも多い。しかし，英国でその品質の高さを証明するには，明文化のプロセスが避けられない。

こうした市場環境や商習慣の違いに対応するために，日立製作所は現地のコンサルタントを雇用し，彼らの知識と経験をフルに活用することを決断した。それにより，高い安全性を一つひとつ明文化するとともに，同社の製品・システムを採用することによる投資対効果を定量的に証明することができた。これらが，商慣習の壁を打破する大きな勝因となっている。

② 効率性の壁：運用保守のパッケージモデルの提供

欧米メーカーが大ロットで標準モデルを効率的につくって拡販するのに対し，日立製作所は顧客の要求にきめ細かく対応（カスタマイズ）することによって差別化を図った。これが中長期的な関係構築によい影響をもたらした。

カスタマイズは諸刃の刃であり，それが多発すると，採算が合わなくなることが多く，効率化とカスタマイズをいかに両立するかが重要となる。この点について，日立製作所は，保守サービスにおける「ビッグデータ」を活用することで，その両立を図ろうとした。具体的には，走行する車両と保守拠点とを無線でつなぎ，車両が今どのような状態であるかを常に把握するリモート・メンテナンスを行うことで予防保全を徹底することにした。故障が起きそうな箇所を察知できれば，点検時に部品を交換することで個別車両の最新状況に応じた保守を実施している。

今では「車両にこういう兆候が表れたら何日後には故障する」といったデータが集積するようになり，それらを活用して，故障による時間ロスを抑える予防保全ビジネスを展開している。

日立製作所は稼働データ分析に基づく保守の領域に踏み込み，緻密な稼動データ分析をもとに予防保全を極めていったことで，運行の効率性を向上させ，顧客に対する満足度の向上と運行コストの低減を実現させたのである。日本製品は過剰品質といわれ，顧客によっては時折その品質が受け入れられないことがある。しかし，製品だけでなく，運用・保守などをパッケージした事業モデ

ルを構築することで，日本メーカーの強みを訴求することができるはずである。コスト面でみても，イニシャル，運用，保守という全体を通してみたときに，十分なメリットを顧客に提供することができるのではないか。

③ 資金調達の壁：政府と一体となった金融モデル

　2009年10月に勃発したギリシャ危機をきっかけに，PIGS諸国（ポルトガル・アイルランド・イタリア・ギリシャ・スペイン）の財政に対する不信が欧州市場を覆い，2011年10月にはギリシャやイタリアの国債を大量に保有していたベルギーの大手銀行が経営破たんする事態となった。日立製作所が英国に鉄道事業を売り込みにかけた時期には，上記のような事態が次々と起こり，巨額資金調達には強い逆風が吹いていた。このときに決定的な役割を果たしたのが国際協力銀行，日本貿易保険による金融支援であった。国際協力銀行，日本貿易保険ともに先進国の鉄道PPP案件に参加した前例はなかったが，この案件をサポートする強い決意をもって参画し，問題解決を粘り強くサポートした。

　欧州金融危機以降，銀行団から欧州系銀行が次々離脱し，資金不足に直面すると，日本政府100％出資の国際協力銀行が巨額融資を引き受け，経済産業省所管の日本貿易保険が海外取引にともなうリスク補填をサポートし，邦銀3メガグループや信託銀行も融資にコミットした。これらの融資契約が発効した2012年7月24日，日立製作所が出資する特別目的会社であるアジリティ・トレインズ社を介して日立製作所が受注することが決定したのである。

　上記のような障壁を乗り越え，日立製作所はイギリス運輸省から，主要幹線向け車両596両の製造と，27年半にわたる保守事業の一括受注に成功した。カナダのボンバルディア，ドイツのシーメンス，フランスのアルストムの世界ビッグスリーの寡占状態にあった英国の鉄道市場において，日本企業が，総事業費用約5,500億円の事業を獲得した意義は大きい。

4 "事業を創る" モデル実現に向けて

　先進事例分析から導出されたように，"事業を創る"モデルを実現するためには，(1)メガトレンドの策定，(2)現地政府・重点顧客への提案体制の構築，(3)パッケージ型提案シナリオの策定が不可欠である。

　社会インフラ事業にとってメガトレンド策定が必要となっているのは，家電製品など量産品と異なり，社会インフラに関する各種製品の寿命が長いこと，新興国では社会の成長ステージに応じて提案を行うことが求められるために提案サイクルが非常に長くなることが理由である。したがって，社内の資源を適切に配分するためには，市場のメガトレンドを読み解き，重点市場と戦略を定めることが不可欠なのである。

(1) メガトレンドの策定

　メガトレンドの策定のためには，世の中で起きている重要なる変化を把握し，そこから自社の事業領域にどのようなインパクトが発生するのかを分析しなければならない。例えば，重電メーカーや交通インフラのメーカーにとって，自動車に関わる各種変化は大きなインパクトを与える。自動車に関しては今後，燃料電池自動車，EV（電気自動車）などパワートレインが普及してくるが，その変化は，電力系統に影響を及ぼすだけでなく，充電設備や水素ステーションといったエネルギーインフラにも大きな影響を与える。また，こうした大きな変化を加速するようなイノベーションを創出するためには，どのような技術が鍵となるかを具体化することも重要である。この点に関してシーメンスでは，コーポレートテクノロジーがリーダーシップをとり，PICTURE OF FUTUREを策定し，航空業界，化学業界，自動車業界などの重点顧客に対して自社の技術シーズを生かした中長期シナリオを提案するとともに，顧客とともにイノベーション開発を行っている。

(2) 現地政府・重点顧客への提案体制の構築

　さらに、こうして描き出したメガトレンドから、自社の今後の事業にとり、重要と考えられる地域（国）、業界を明確にし、リソースの配分を行う。重要な地域には営業リソース、技術リソースの配置を行っていくことが必要である。

　GEは、重点国にGGOの配置をし、現地におけるガバメントリレーションを展開している。GGOには、主として地域での戦略策定、M&Aを含めた現地での事業ポートフォリオの策定、現地政府へのロビイングを行っているほか、それらの戦略や提案を、技術、ファイナンス、リスク管理面で支援する部隊を保有している。さらにGEは、IoTを推進するため、GEデジタルという部門を設置し、PredixというIoTのプラットフォームをもとに、当該地域の政府、企業のハードウェアに蓄積する情報を収集・分析することで、顧客の業務生産性を高めようとしている。

　重点顧客への提案活動を行うには、メガトレンドにおいてターゲットとした業界が今後直面する課題に対して、自社の技術シーズでどのような解決ができるのかを描き出すことが不可欠であるが、そのような分析・検討を持続的に行えるような体制・仕組みも必要だ。その意味で、シーメンスのPICTURE OF FUTUREは大きなマクロトレンドから大きな業界構造の変化、自社の営業部隊までの営業シナリオの落とし込みを可能にしているだけでなく、それを業界別のアカウントマネージャーに落とし込み、顧客への提案を推進している点で大いに参考になる取り組みといえよう。

　日本企業は、製品事業部が中心となり、新興国など海外地域への営業を展開しているが、案件が発生してから現地に技術陣などを派遣し、案件対応を行うことが多い。海外の競合会社が川上領域から営業活動を強化していることを見れば、こうした案件対応型の対応では、競合に勝つことは難しい。まず、本社、事業部門として、重要な顧客、地域を明確にし、顧客、地域の抱えている課題を明確にし、その課題に対してどのような提案をしていくのか、攻略のシナリオを明確に定めていくことが不可欠である。そのためには、地域統括会社内に

大型プロジェクトの経験があるエンジニアなどを常駐させるなどを行い，現地政府との日ごろからのコミュニケーションを通じた現地政府の問題意識，課題の把握を顧客に近いところでできる体制が必要である。それと同時に，提案内容も，製品のみならず，その保守，運用，ファイナンススキームも含めパッケージ型で提案していく。つまり，単に製品を提供するにとどまらず，製品稼動データ，運用データの解析による運用効率の向上により，保守サービスや運用での収益をあげていくビジネスモデルを構築していくことが求められる。こうしたビジネスモデルの構築では，専門業者への委託など社外のリソースと上手く提携しながら進めることが重要であり，ターゲット国・地域においてそうしたネットワークを構築することが求められる。

　また，ターゲット業界に対しては，業種別に提案できる体制を構築し，製品軸ではなく，顧客が解決していきたい問題に対して提案できる体制を構築しなければならない。この観点で，先述した日立製作所では営業体制を製品軸での営業体制から業種軸での12のフロントビジネスユニットに再構築をした。さらにそれを支えるサービス＆プラットフォームビジネスユニットを構築し，IoTの基盤プラットフォームであるLumadaを活用したビッグデータの解析を推進しようとしている。このような体制を構築するには，OIL＆GAS，マイニング，交通，電力など狙うべき業界を明確に定め，その業界・顧客に精通している人材をグローバル規模で探しながら，自社技術を活用した提案ができる体制を構築しなければならない。具体的には，本社の攻略をするアカウントマネージャー，地域拠点・工場などに対して具体的な提案を行うリージョナルアカウントマネージャーを設置していくことが想定される。しかしながら，こうした体制を設置しても，製品提案になってしまいがちであることから，大型のインフラプロジェクトを推進したことがあるエンジニアやデータアナリストなどをアカウントマネジメントチームに配置し，顧客の問題意識の把握，データの解析を行いながら，製品に閉じずにソリューションとして提案ができる体制として組成することが必要である。

(3) パッケージ型提案シナリオの策定

　最後に必要となるのは顧客にとっての経済的メリットをわかりやすいシナリオに落としていくことである。なぜならば，日本のインフラが優れていることはわかっていても，そのイニシャルコストの高さから導入に至らないことも多いからだ。特に新興国ではイニシャルコストがどれだけ安いかに眼がいきがちであるからだ。イニシャルコストを抑えることができればよいが，多くの日本企業が実感しているように，そのことは決して容易ではない。であれば，それ以外のコストメリットをアピールすることが重要になる。とりわけ社会インフラのような事業は，運用コストが大きいため，そこが突破口になる。具体的には，故障なく動き続けることにより，ライフタイムコストを抑えることができれば，そのメリットは極めて大きくなる。日立製作所が英国で行ったように，運用保守のパッケージモデルにより，ライフタイムの観点で運用コストを抑え，それによる経済的メリットをアピールすることは，他の日本企業にも大いに参考になるのではないか。

　この事例が示すように，日本企業のインフラでの強みはその運用にあり，製品の売り切りだけではその強みを発揮することは難しい。とりわけイニシャルコストが重視される新興国において上記の強みをアピールするためには，コンセッションモデルを組むことでオペレータに出資を行い，日本企業は，その運用に参画していくことが求められる。なお，コンセッションモデルとは，高速道路，空港，鉄道など公共交通機関などのインフラについて，施設の所有は現地機関に残したまま，運営を特別目的会社（SPC）が行うスキームのことである。こうしたインフラ事業を推進するためには，国との連携は欠かせない。なぜなら，社会インフラ事業は，企業が単独で推進するにはリスクが大きすぎるからだ。

　したがって，その提案には政府系金融機関との連携が欠かせない。先述した日立製作所のケースでは，国際協力銀行が巨額融資を引き受け，経済産業省所管の日本貿易保険が海外取引にともなうリスク補填をサポートし，邦銀3メガ

グループや信託銀行も融資にコミットしたことで，事業リスクの軽減が図られている。日本企業が展開するには，まずは政府金融機関との連携を密にし，リスクマネーへの対応の検討を進めることが必要であろう。

　日本企業が社会インフラにおいて，グローバルに"事業を創る"ためには，日本が培ってきた運用ノウハウなどや保守・サービス，国と一体となる金融スキームを構築することで，グローバル規模で"事業を創る"ことが求められる。

3　エレクトロニクス産業

1　エレクトロニクス・精密業界の事業環境

　エレクトロニクス・精密業界において日本の家電メーカーは非常に厳しい競争環境におかれている。B2Cの家電商品ではサムスンなど韓国メーカーに市場を席巻され，グローバルマーケットでのプレゼンスを大きく失った。日本のエレクトロニクス業界はシャープ，東芝をはじめ，再編が進んだ。いまやテレビ事業，携帯電話などのB2Cエレクトロニクスにおいては韓国メーカーのみならず中国メーカーが品質面において急速に追い上げている。

　韓国メーカーはサムスン，LG，現代などの財閥グループが中心となり，サムスンの地域専門家制度に代表される現地に根を張ったマーケティングにより，携帯電話，液晶テレビなど日本メーカーが非常に強かったエレクトロニクス領域で市場を席巻してしまった。さらに最近は中国企業の躍進が目立つ。

　また，精密機器業界においても，スマートフォンのカメラ機能の向上によるデジタルカメラ，複写機における需要の減少，市場停滞が見られ，業界再編が進んでいる。

　例えば，日本企業が強さを維持している複写機，プリンタなどの事務機器に代表される精密機器についても厳しい市場環境に直面している。先進国市場ではA3機（A3版を複写できる据え置き型複写機）が中心であり，顧客は保守契約を締結してくれた。しかし，アジアを中心とする新興国市場はA4機というプリンタベースの小型複写機が中心であり，しかも顧客は保守契約を締結しない。さらに儲けの源泉である消耗品もサードパーティのものを使用することが多い。つまり，日本企業が先進国で築き上げたビジネスモデルは，新興国で

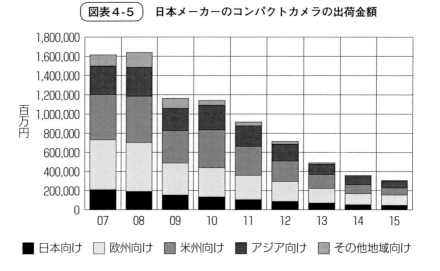

図表4-5 日本メーカーのコンパクトカメラの出荷金額

は通用しないのである。

　さらに先進国では，タブレット端末やスマートフォンの普及により，情報の配信が紙からデジタルへ変化しているため，ドキュメントボリュームは下降傾向にある。それに伴い事務機器のサービス単価は下落しているが，こうした市場の変化は，新興国にも起こり得る。なぜならば新興国においても，スマートフォンがすさまじい勢いで普及しているからである。こうした市場の変化は複写機，プリンタという製品そのものに関するイノベーションでは解決できない。獲得すべき市場はドキュメントボリュームではなく，顧客のワークフローの支援や配信されるコンテンツそのものの生成，さらには，様々なメディアに対応した情報配信事業なのかもしれない。情報の配信方法が変化するなか，紙による情報配信の比率は今後もさらに低下していくことが考えられるからである。

　こうした環境変化のなか，日本の事務機器メーカーはその事業機会に対して，ポテンシャルを生かし切れていない。というのも，日本のメーカーには，地道な個別訪問により多くの顧客データが蓄積されているからだ。自社が持つ豊富な顧客接点，サービス網などを生かせば，日本の事務機メーカーは，市場変化

に合わせたサービス事業のビジネスモデルが構築できるはずだ。

このように日本のエレクトロニクス，精密業界を取り巻く市場環境は厳しさを増している。

2 求められる事業モデルの変化

製造業が今後も競争力を維持していくためには，顧客にとっての価値は何かをとらえなおすことが必要となっている。それには，日本企業が強い「製品の機能面の強さ」に加えて，「製品以外がもたらす価値」を付加することが必要となっている。B2Cにおいては一橋大学の延岡教授が唱える意味的価値が必要となる。一方，B2Bにおいては製品そのもののみではなく，顧客の問題点を解決する等，プロセスを提供することが必要となっている。本書ではこれをプロセス価値と呼んでいる。

(1) B2Cにおける意味的価値の構築

筆者は，学習院大学米山教授との議論を通じ，B2Cで実現すべき顧客にとっての価値について図表4-6に示すように分類を行った。

まず，製品の価値は，①定量化が可能かどうか，②評価方法が相対評価か絶対評価か，③価値の受益者が購入者個人か否か，の3つの軸で整理した。

定量化が可能なものは，基本的には相対評価されるものであり，受益者も購入者個人である。これは，「機能価値」・「価格価値」・「時間価値」に分類され，いわゆるQCDとして評価されうるものである。

続いて定量化ができないもののうち，評価の方法，受益者の関係により，下記の3つの価値に分類している。

一つ目は「信頼価値」である。これは定量的には計りにくい長期間使用時の商品の耐久性や故障時の保証，さらには商品の提供者から商品購入後に提供される付加価値サービスによって，商品に対する信頼や安心を感じることを対象としている。

図表4-6　B2Cにおける価値の体系

可視性	評価対象	受益者	価値名称	価値の説明	代表例	購入前価値	製品価値	購入後価値
定量化が可能	相対評価	自分	機能価値	機能的に優れている	・ほぼすべて		過去多くの製造業が差別化を図ってきた要因	
			価格価値	少しでも安く買える	・最安値保証 ・価格比較 ・送料無料		過去多くの製造業が小売業と組んで差別化を図ってきた要因	
			時間価値	すぐに買う事ができる　どこからでも買う事ができる	・EC/配信 ・宅配サービス			
意味的価値（定量化が困難）	相対評価	自分	信頼価値	安心して商品を買うことができる	・充実サポート ・返品可能・満足保証 ・品質表示		ブランドを構築した企業が、過去、差別化できた要因　e.g. 日本メーカー	
				お勧めをもらいたい	・レコメンデーション ・コンシェルジュ	自分にとってのリーズナブル　e.g. Dell		
	絶対評価	自分	自己実現価値	他者から憧れられるものを買いたい	・レジェンド		製品を持つ事で、社会的に認められる　e.g. Apple製品	
							生活を変える機能と、UI/UX　e.g. iPhone (Apple)	
				自分だけのもの、自分にとって心地よいものを買いたい	・カスタムオーダー ・ライフスタイル提案 ・UI/UX等デザイン	期待を高める空間の提供　e.g. アップルストア	製品の優秀さだけではなく、家事の時間を減らす　e.g. ロボット掃除機（iRobot）	
							加熱水蒸気による調理法、新しい料理ができるようになる価値　e.g. ヘルシオのレシピ配信（Sharp）	
				自分が商品を作りたい	・DIY，Makers等創作に関する商品		簡単に音楽の創作活動ができる　e.g. 初音ミク	
	絶対評価	自分＋外部	外部貢献価値	買う事で世界に貢献したい	・エコ商品 ・寄付付き商品		リサイクル素材	
				買う事で事業者を育てたい	・クラウドファンディングを通じた出資		（新興製造業の資金調達）	

　二つ目は「自己実現価値」である。これは，他人から認められたい，高いステータスを得たいという欲求を満たしてくれる製品や，自分だけにカスタマイズされたことで満足感を得ることができる製品，洗練された機能・デザイン・ユーザーエクスペリエンス（注）・ユーザーインターフェースより，これまで体験したことが無いライフスタイルを提供してくれるような製品があてはまる。

(注)
　ある製品やサービスを利用したり，消費した時に得られる体験の総体。個別の機能や使いやすさのみならず，ユーザーが真にやりたいことを楽しく，心地よく実現できるかどうかを重視した概念。

　最後の「外部貢献価値」とは，自分の欲求を満たすためだけではなく，製品の購入を通じて社会，または製造者に対して貢献する事ができる，という価値である。
　さらに，これらの価値が商品そのものによって生み出されているのか，または商品購入後のサポートなど，製造者と購入者の継続した関係のなかで生み出されているのかを分類した。
　これらの価値の分類に，既存の製品，サービスを当てはめると，日本の製造業のほとんどが，製品そのものに依存した機能価値・価格価値・時間価値に当てはまることがわかる。一部の強いブランドを持つ企業及びその製品は，信頼価値や自己実現価値を提供しているが，それを実現できている企業は多くはない。さらに，外部貢献価値まで提供している製造業は，非常に稀有な存在であるといえよう。
　しかし現在，製造業が強化するべきは，これらの定量化が困難な意味的価値を，顧客との長い関係を通じて提供して行く取り組みである。一言でいうならば"ファン作り"となるであろう。継続して製品を購入してもらうことや，購入者が周りの友人や知人に良い情報を提供し，商品を勧めるような強固な関係を築くためには，信頼価値・自己実現価値・外部貢献価値を継続して提供することが重要となる。

(2) B2Bにおけるプロセス価値の構築

　B2Bにおいて，製品において提供される価値に加え，顧客の業務を代行する提供価値を本書ではプロセス価値と呼んでいる。プロセス価値とは顧客のある業務プロセスを代行することにより，もたらされる価値である。プロセス価

図表4-7　B２Bにおけるプロセス価値の図（再掲）

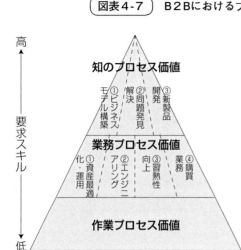

各プロセス概要と企業例

知のプロセス価値
①ビジネスモデル案を提供し顧客価値を増大（例：HP）
②顧客の開発・製造プロセスを熟知し，プロセス効率化に向けて提案（例：キーエンス）
③顧客とパートナーシップを構築し，新商品の開発・企画を共同実施（例：東レ）

業務プロセス価値
①最適資産を提案，業務そのものを運用（例：HP，ゼロックス）
②自社製品に他社製品を組み合わせて製品化するエンジニアリング業務を代行（例：コニカミノルタ）
③習熟度の向上プロセスを提供（例：オリンパス）
④顧客の購買業務を代行（例：ASKUL, DELL）

作業プロセス価値
①作業そのものを代替する（例：複写機メーカー）

値は，作業プロセス価値，業務プロセス価値，知のプロセス価値と３分類される。作業プロセス価値とは作業そのものを代替するプロセス価値であり，例えば複写機メーカーがコピーセンターに要員を派遣し，自社の複写機の複写運用サービスを提供するものなどがある。

① 業務プロセス価値

業務プロセス価値は業務プロセスを設計し，最適化したうえで提供されるプロセス価値である。業務プロセス価値には**１）**資産最適化と運用プロセス支援，**２）**エンジニアリングプロセス支援，**３）**習熟性向上プロセス支援，**４）**購買業務プロセス支援などがある。

１）資産最適化と運用プロセス支援

資産最適化と運用プロセス支援は顧客の資産を最適化，その運用を支援するものである。例えば，HP. INC.やゼロックスがグローバルに展開するMPSが

あげられる。両社はMPS（マネージド・プリント・サービス(注)）の2大ブランドであるが，顧客の複写やプリントに対する業務を分析し，データやドキュメントの流れを理解し，複写機，プリンタなどの資産を最適化している。また，XEROXは要員の派遣も行っており，業務プロセスそのものの運用も請け負っている。

(注)
　複写機，プリンター業界が提供するサービス。業界リーダーである富士ゼロックスの定義によると各部門や事業所ごとに個別に運用されてきたオフィスの出力インフラを一元管理し，ライフサイクル（機器の選定・運用・廃棄）すべてに関するコストとプロセスをマネジメントするサービス。

2）エンジニアリングプロセス支援
　エンジニアリングプロセス支援は主に，部品や素材を提供する会社が完成品メーカーに対して提供するプロセス価値である。例えばコニカミノルタはインクジェットヘッド事業において，完成品メーカーの開発現場に入り，印刷機械とのすり合わせを行うことで，液滴を適正な位置に適正な量を正確に飛ばさなければいけないインクジェット印刷を可能にしている。インクジェットヘッドはインクジェット印刷技術において心臓部分であり，搬送などの機械ユニットと微妙なるすり合わせを行わなければ適切な画像を出すことができない。コニカミノルタはエンジニアリングプロセスを提供することで適切なる画像を出すことを可能としている。

3）習熟性向上プロセス支援
　習熟性向上プロセス支援はオペレータなどの習熟度の向上プロセスを提供するものである。例えば，ゼロックスは，デジタル印刷機を商業印刷会社に導入しているがゼロックスが常に力をいれているのは顧客内でのオペレータ人材育成だ。同社はMPSを提供した顧客に対して，ドキュメントを扱う業務プロセス変革の必要性を説明し，そのうえで，機器のオペレーションに関する教育な

どを行っている。

4）購買業務プロセス支援

購買業務プロセス支援は顧客の購買業務を代行するものである。例えば，リコーは，自社の複写機消耗品の購買プロセスを支援するため開始したネット事業において，他社消耗品，水，お菓子，文具などオフィスにおいて必要なものをネットにて調達できるネットリコーという事業を展開している。DELLは企業向けのパソコンを提供するだけではなくネットによる調達の仕組みそのものを提供し，調達の手間を大幅に軽減している。

② 知のプロセス価値

最後に知のプロセス価値は企業顧客に対してアイデアの提供，問題の明確化など"知"の領域におけるプロセスを提供するものである。知のプロセス価値は1）ビジネスモデル構築プロセス支援，2）問題の発見と解決プロセス支援，3）新製品開発プロセス支援がある。

1）ビジネスモデル構築プロセス支援

ビジネスモデル構築プロセス支援は，ビジネスモデルに対するアイデアを提供することにより，顧客が事業で付加価値を増大することを支援するものである。例えばHPはINDIGOというデジタル印刷機事業において，従来型のオフセット印刷機による大量印刷物を提供する印刷企業に対して，その顧客である消費財メーカーや自動車販売会社などの顧客企業の持つ顧客データを分析し，顧客属性，購買履歴に基づいた顧客のセグメンテーション，各セグメントに対する訴求性を高める印刷物の提供を行うためのビジネスモデルの改革の支援を行っている。

2）問題の発見と解決プロセス支援

問題の発見と解決プロセス支援は，顧客の問題を明確にし，その解決のため

の手法を導いていくことである。

オムロンは顧客である製造業生産部門に対して，自らが草津工場で推進した製造現場でのビッグデータ活用事例を見学してもらうことで，IoT時代での新しい生産のあり方を議論し，顧客の問題点の把握と整理を顧客と一緒に推進することを目指している。

3) 新製品開発プロセス支援

新製品開発プロセス支援は顧客の新製品の開発におけるアイデア創出に対する支援をすることである。

新製品開発プロセス支援にはコニカミノルタと小森コーポレーションが推進したインクジェットデジタル技術を活用した新製品開発がある。オフセット印刷機械は市場が急激に縮小しており，小森コーポレーションはデジタル印刷機械の開発を検討する必要があった。そこにコニカミノルタは同社が保有するインクジェットヘッドとUVインク技術により，画質と生産性の高いデジタル印刷機械の共同開発提案をした。インクジェット印刷機の開発にはヘッド，インク，搬送部間での精密なすり合わせ作業が必要となる。コニカミノルタは速乾性が高く，両面印刷を可能とするUVインクを突出できるインクジェットヘッド技術を保有しており，こうした高いインクジェットヘッド技術を生かし，小森コーポレーションの新製品開発プロセスに大きな貢献を行った。2社の共同事業であるインクジェット印刷機開発はすでに完成機として発表されており，2012年のDRUPA（ドイツで行われる印刷機材国際展示会）での発表，2016年発売を控えたDRUPAでの2回目の発表を行い，順調に受注をしているという。

3 先進事例

先進事例としてはB2Cにおける(1)ソニーによる感性価値に訴求するユーザーインターフェース開発改革，(2)ダイソンによる機能的価値と感性価値の高次元での実現，(3)バルミューダによる五感に訴求する製品開発を述べる。B2

Bにおいては，(4)HPによるビジネスモデル革新での知のプロセス支援がある。

(1) ソニーによる感性価値に訴求するユーザーインターフェースの開発

　ソニーは平井社長の強力なリーダーシップのもと，機能的価値のみではなく，感性価値で顧客に訴求する商品開発を目指し，改革を推進している。平井社長が感性価値をわかりやすく表現したのが"WOW"であり，それは従来からソニーがDNAとして持っている顧客を感動させ，感性に訴求してくる商品開発の復活である。

　ソニーは1979年のウォークマン，82年のCD，1999年にはAIBOを発売，消費者の常識観念を覆す強烈に感性に訴求する製品を世の中に出してきた。しかしながら，その後の家電製品のデジタル化に伴い，2003年4月，ソニー株が急落するソニーショックが起き，その後度重なるリストラによる苦しい時代が続いてきた。

　その後，2011年，4,567億円という過去最大の赤字を計上した直後，2012年にCEOに平井氏が就任し，ソニーらしいものづくり，感性に訴求するものづくりという原点への回帰を進めている。

　ソニーが感性価値を強化するために力を入れていることはラストワンインチという考え方に現れている。これは，クラウド化していく社会で，製品が消費者とコンテンツを結びつけるため，その接点において，ソニーは消費者への感動的体験を創出したいというものである。

　こうした考え方のもと，ソニーは消費者に感動を与えるインターフェースの開発に力をいれている。それがVR（バーチャルリアリティ）とAI（アーティフィシャルインテリジェンス：人工知能）である。

　ソニーはマシンとユーザーとのインターフェースとして，革新的経験を与えられるものとしてVRに力をいれている。例えば，プレイステーション VRは，コンピュータ内に造られた空間的表現をあたかも現実にあるかのように体験させることができる。消費者の360度を取り囲む3D空間が登場し，音と映像による臨場感から，ゲームの世界に入り込む体験が可能になっている。2016年10

月発売以降，予約分が早期に完売するなど，大変な人気となっている。

　また，AIに関しては，ソニーは，1999年に発表したAIBOに搭載されたAIに関連する技術を2000年代にデジタルカメラやテレビ番組推奨サービスなどソニー製品・サービスに展開した。昨今では，スマートフォンXperiaに搭載されている画面に通常の視覚では知ることができない情報や仮想的な物体などの付加情報を表示させることができる統合型拡張現実感技術（SmartAR）を用いたカメラアプリケーション「ARエフェクト」や行動認識技術を採用したLifelogアプリケーション，「PlayStation 4」での顔認識ログイン，不動産事業での不動産価格推定エンジンでディープラーニングによるデータ予測分析技術などAI技術を様々な事業で消費者とのインターフェースに採用している。また，音声認識技術においては，消費者の声に反応して，個々のユーザーにあった情報の提供やコミュニケーションを声としぐさでアシストして，家電をコントロールするXperia Agentをソニーモバイルコミュニケーションが公開している。

　こうしたソニーによる製品の感性価値を高めるためのAIやVRなどの技術を用いた顧客インターフェースの革新を可能にしているのがソニーの新規事業創出プログラム SAP（Seed Acceleration Program）である。これは2014年9月にスタートし，ソニーグループにあるエレクトロニクス，エンターテイメント，金融など様々な事業領域における経営資源や人材をそれぞれの領域を超えて技術，才能のコラボレーション，社内のみならず自動運転に関するベンチャー企業であるZMPなど社外のベンチャー企業との連携を加速することで，イノベーションを創出するためのプログラムである。

　ソニーはこうしたプログラムを加速させるため，ソニーが考える新しい商品，サービスなどの事業コンセプトとそれらを開発するプロジェクトを支援したい消費者を結ぶクラウドファンディングを推進している。また，実際にそこで開発した商品を販売するe-コマースをかね合わせたウェブサイト，First Flightを立ち上げている。こうしたウェブサイトを設けることで，早い段階から顧客との接点を作り，事業化検証中のプロジェクトをいち早く公開し，消費者からの

フィードバックをもとに検証を行い，商品化の可能性の探索をスピーディに行っている。

また，SAPの一貫として，クリエイティブラウンジを開設し，3Dプリンタや工作機器を設置し，新規事業，新規商品に関するアイデアをその場で試作できる環境を設けている。クリエイティブラウンジは社外の人材も利用が可能となっており，社外人材との交流，試作，消費者とのダイレクトなコミュニケーションにより，顧客とともに新しい価値を創造，開発をすることが可能となっている。こうした取り組みにより，ソニーは顧客の感性に訴求する新しい製品を開発し，その意味的価値を高めることにより，顧客とともに"事業を創る"ことを推進しようとしている。

(2) ダイソンによる機能的価値と感性価値の高次元での実現

ダイソンは，掃除機，空調家電，ヘアドライヤーなどに代表される製品で，機能的価値と感性価値を高い次元で両立させることに成功してきたメーカーである。

まず，ダイソンの機能的価値を訴求するうえで重要な役割を果たしたのが，「吸引力の変わらないただ一つの掃除機」というコピーであろう。すでにコモディティ化していた掃除機業界において，フィルターの目詰まりによって吸引力が下がっていくというのは機能上仕方がない問題であった。しかし，サイクロンという新しい方式により，ダイソンはそれまでの掃除機とは異なる次元の製品を生んだ。ここで注意したいのは，「吸引力が下がらないからといって，必ずしもゴミが良く取れるわけではない」ということである。しかし，吸引力が下がらないという"機能"は，極めてわかりやすいものとして消費者に価値を認められることとなった。

さらに，意味的価値という点では，先に述べた機能的価値を産むまでの"ストーリー"が重要な役割を果たす。ダイソンの掃除機の開発過程では，「工業デザイナーである創業者が，5,000を超える試作を経て開発した，エンジニア中心主義の製品」という訴求が消費者に歓迎されたといえよう。デザイン，こ

だわり，エンジニア中心主義というキーワードが，その製品がもつ，機能的価値をさらに際立たせたことは想像に難くない。

機能的価値を，意味的価値でさらに高める，という手法は，日系企業が学ぶべき手法といえよう。

(3) バルミューダによる五感に訴求する製品開発

バルミューダは，自然に近い風を起こす扇風機や強い吸引力を発揮する空気清浄機など，デザイン性が高く，特徴のある製品を開発している企業である。

特に2015年に発売した「The Toaster」がヒットしている。25,000円するにもかかわらず，依然売れ行きは好調で，当初の販売目標額の約2倍の実績を達成している。「最高においしいトーストが作れる」がうたい文句で，その開発のきっかけは雨の日の社内BBQ大会で焼いたトーストの味である。

創業者であり主導者である寺尾社長は「人が買うのはモノではなく，"体験"だ」という確信を持っており，体験とは五感を伴うものという考えがあった。そのため，五感をフルに活用するキッチン家電は自社での開発に最適だろうとの判断であった。

開発では，自社の強みである制御系技術力をトースターに応用し，数千枚のパンを焼きながら，調理条件を検証していく。そして機器のデザインでは主役が「トースト」になるように，クラシックな温かみのある外観を目指した。販促においては五感への刺激を狙い，焼きたてのバタートーストなどを前面に押し出す。そこには，機能や性能をうたい，製品写真が前面に押し出されることは決してない。とにかくThe Toasterで焼けた「おいしいパン」を伝える。

このように意味的価値を訴求するうえで，顧客へのメッセージを明確にしながら五感を刺激するという観点は非常に効果的であり，重要である。

また，コモディティとなっているキッチン家電のような分野で，このような製品展開を行うことで成功する企業が出てきている点は，機能的価値のみを訴求し展開をするような従来型の企業にとっては，脅威となるだろう。

⑷ HPによるビジネスモデル革新での知のプロセス支援

　HPは，2015年11月1日会社分割し，アウトソーシング事業などを展開するHPエンタープライズとパーソナルコンピュータとプリンタの製造，販売を行うHP. INC.に分割された。

　HP. INC.は液状トナー方式のデジタル印刷機，INDIGOにより，顧客である商業印刷会社に対して，印刷会社が行うべき顧客に対する提案，市場を開拓する業務を代行することにより，商業印刷市場の開拓をしてきた。こうした地道な活動を一貫して行うことで，商業印刷会社におけるデジタル印刷市場を広げてきた。

　HPがINDIGOを傘下においた2001年では，デジタル印刷市場の技術的な話題性は大きかったが実例はまだ少なく，HPは商業印刷市場におけるデジタル印刷市場を広げるために，販売促進物に眼をつけ，その発注元である消費財メーカーに対する地道なる啓蒙活動を行った。具体的には企業内のCMO（チーフマーケティングオフィサー）に対するアプローチを行い，マーケティングROIをあげていくためにデジタル印刷機を活用した様々なアプリケーションの提案を推進した。

　具体的には消費者のニーズが多様化するなかで，均一的なダイレクトメール，カタログではなく，例えば消費者の嗜好性が高い自動車などであれば顧客の嗜好についての調査を行い，顧客に対するパーソナライズされたカタログを渡すことで，顧客の購買意欲を高めるといった企画を自動車販売会社などに提案する。そして，自動車販売会社がその提案に合意すると，印刷物を購入している印刷会社を自動車販売会社から教えてもらい，印刷会社へのビジネスモデルの提案を行い，啓蒙を行った結果として，INDIGOの導入を行う。

　そして，実際に機材が導入された後，その効果を実証していった。例えばメキシコ最大のトヨタ・ディーラーの仕事を扱うプリント・サービス・プロバイダCargraphics社は，有望な顧客が試乗した時，訪問後すぐにダイレクトメールを送ることで，顧客の購買意欲を高め，実際の販売に有効なる効果を実証し

ている。

また，コカ・コーラに対しては，日本コカ・コーラ株式会社とFIFAコカ・コーラワールドカップキャンペーンの第二弾となるコカ・コーラ"ネームボトル"の展開において，パーソナライズラベル展開を行い，2億本のペットボトルのパーソナライズラベルをINDIGOで印刷することを実現した。

HP. INC.は，顧客はあくまでもINDIGOを設置する商業印刷会社であると判断をし，決して商業印刷と競合しないスタンスを貫いている。そのため，HPは商業印刷会社に代わって，その顧客である消費財メーカーなどのCMO（チーフマーケティングオフィサー）に対するアプローチを行い，デジタル印刷でのマーケティング販促活動による消費者への訴求性の向上を提言し，市場創造している。

こうして作り上げていった事例は，INDIGOユーザー会であるD-Scoopにおいて，商業印刷会社の経営者などに共有され，商業印刷会社がその顧客への提案力を向上することを推進し続けている。

こうしたHPの動きは直接的顧客である印刷会社に対して，デジタル印刷機を活用した新たなるビジネスモデル構築による知のプロセス価値を提供している。

4 "事業を創る"モデル実現に向けて

エレクトロニクス・精密メーカーが"事業を創る"には，(1)ビジネスモデルの明確化，(2)必要となるリソースの具現化と獲得手段の検討を進めることが求められる。

(1) ビジネスモデルの明確化

"事業を創る"ために大事になるのが，どのように事業として利益を作っていくかであろう。製品のみで高い収益をあげることは難しくなっている。例えば，B2Cであれば，製品を通じて，その革新的ユーザーインターフェースに

より，クラウドなどのネットワーク環境からサービス提供やコンテンツを配信することで，継続的なる収益をあげる仕組みが必要だ。

B2Bも同様である。製品の売り切りではなく，なるべく運用や保守で利益を得るためには顧客に対する経済的メリットを明確に提示していくことが必要である。そのため，B2B製品のメーカーは，コスト低減だけで経済価値を算出するのではなく，顧客の売上を向上するような提供価値を実現することも必要になる。そのためには，B2Bメーカーは，コンサルティング，機器導入支援，オペレータなどの人員育成，サービス導入における売上向上などの提供価値を構築しなければならない。また，こうした提供価値について，顧客に対してどのようにその効果を実現するのか，共通認識を醸成し，その効果に対してどのような課金モデルで回収するのか，利益の取り方まで明確に落とし込まなければならない。

(2) 必要となるリソースの具現化と獲得手段の検討

B2Cで，意味的価値を高めていくためには，製品の機能的価値のみならず，感性価値を高めなければならない。そのためには，顧客の感性を高めるために顧客にいかに感動的な体験を与えられるか，その顧客経験（CUSTOMER EXPERIENCE）を設計できることが必要だ。このように，顧客に感動を与える顧客経験を実現するには，AIやロボティックスなどの技術を活用したユーザーインターフェースなど，求められる技術も過去とは異なるだろう。そのためには，求められる技術，顧客に感動的経験を生み出すための場を作り出すための接点を作り出してくれる販売チャネルや，顧客に感動を与える空間や場所を保有しているプレイヤーとの提携なども考えられる。例えば，家電機器であれば家庭内だけではなく，屋外，レジャー施設，観光など消費者との接点は様々なものが考えられるからである。

また，B2Bであればプロセス価値を提供していくために，顧客の業務プロセスを深く理解し，プロセス改革を提案していくために自社に足りないものは何であるか，早急に明確にし，連携できるパートナーを見つけなければならな

い。例えば,ゼロックスコーポレーションは,ヘルスケア産業に深く入り込むために,医療費の請求業務のBPOに強いACSを買収した。コニカミノルタであれば,販促業務での業務プロセスを提供するため,ERGOやチャーターハウスを買収した。このように自社に足りないものであれば,積極的に他社と連携をし,アライアンスを通じて,自社グループ内部にそのノウハウを植え付けていくことが求められるだろう。

ヘルスケア産業

1 ヘルスケア事業の事業環境

○ 世界のヘルスケア市場で後塵を拝する日本の医療機器メーカー

　世界のヘルスケア市場は，中国，ASEAN，南米などの新興国市場が急速に拡大しており，医療機器メーカーには，大きな事業機会が広がっているといえる。

　しかし先進国においては，GE，シーメンス，フィリップスの3大メーカーをはじめとした欧米企業が既に高いマーケットシェアを確立しており，日本メーカーは後塵を拝している。さらに新興国市場においても，先進国と同様，3大メーカーが高いシェアを有していることに加えて，中国では放射線治療装置などの医療機器において，ミンドレーなどの国産医療機器が，価格のみならず品質においても急速なる向上を遂げている。こうした中国の医療機器メーカーは，アジア諸国やアフリカなどへの輸出も強めている。

　このように，日本の医療機器メーカーは，高品質セグメントは3大メーカーなど欧米メーカー大手に阻まれ，さらに安価な製品においては中国メーカーなど新興国メーカーに追い上げられるなど，競争環境は非常に厳しいのが実情である。

2 日本の医療機器メーカーに必要なビジネスモデルの転換

　日本の医療機器メーカーは，軟性内視鏡，PACS（医療用画像管理システム：Picture Archiving and Communication System），デジタルレントゲン，

CTなどの分野において，高い競争力を持っている。また，成長著しい携帯型超音波診断装置では富士フイルムが米国シアトル発ベンチャー企業であるSONOSITEを買収し，GEヘルスケアに次ぐ市場シェア2位のポジションを築いている。

しかし，中国やASEANのような新興国では病院設備が十分ではないことに加えて，医療機器を使用できる医師が不足している。社会的ニーズは大きいが，医療機器を購入できる経済力，それを活用して診断や治療を行える利用技術が十分ではない。そのため，内視鏡などの医療機器の市場を大きくするには，トレーニングセンターなどを作り，医師を育てるところから実施しなければならないだろう。このように，日本の医療機器メーカーが市場でプレゼンスを発揮していくために，単に製品を販売するのみならず，市場創造をしていく"事業を創る"ことの必要性が増している。

さらに，医療機器を使用していくうえで必要となる病院インフラの整備，診断機器による疾患予防の必要性についての啓蒙活動など，実施しなければならないことは多数ある。例えば，米国医療機器メーカーのメドトロニックは，中国現地での医療機器の開発・製造を含む地域のハブ拠点として，2011年，上海に新社屋を開設。5年で1,000人を超える自社のスタッフの雇用・育成を予定している。このように欧米企業は，医療機器を販売するのではなく，医療インフラも含めてパッケージ型での提案を展開してきている。

こうしたことから，日本企業は製品の強みを生かしつつ，顧客起点での提供価値の再構築を進め，"事業を創る"ことを推進しなければならない。

3 求められる事業モデルの変化

今後，日本の医療機器メーカーが事業を成長させていくためには，製品のみの魅力で顧客を開拓していくことは難しいだろう。なぜならば，競争が激しいヘルスケア産業において，製品の機能のみで常にオンリーワンの製品を提供し，市場で優位性を保つことは非常に難しいからだ。また，病院，医師などの顧客

に訴求するためには，これまで以上に顧客に対する理解を深めていかなければならない。その際の理解とは，病院や医師などの顧客の業務そのものに対する理解もあるし，さらに病院や医師も把握していない製品から取得できるデータや，従業員のオペレーションデータを分析していくことにより，病院経営そのものの改善，業務の効率化を提言していくこともできるかもしれない。

つまり，製品のみの事業から，アフターサービスや，顧客接点を生かした周辺業務への支援，製品や業務から発生するデータなどを分析することにより，顧客の業務を代行，もしくは，効率化の支援を行うなどを進めていくことが求められているのである。

本稿では，日本の医療機器メーカーの改革の方向性として，(1)顧客接点を生かした周辺業務などのサービス事業領域に出る，(2)データ解析による顧客の課題解決を行う，という2つの事例について，次節にて述べていく。

4 先進事例

(1) 顧客接点を生かした周辺業務などのサービス事業領域に出る事例

① フレゼニウス

フレゼニウス SE & Co. KGaAは，ドイツに拠点を構える多角化企業であり，2015年の売上高は27,995百万ユーロという，巨大なヘルスケア企業である。フレゼニウスは傘下に4つの事業（フレゼニウス Helios：病院経営，フレゼニウス Kabi：輸血や臨床栄養など，急性期医療に特化した医薬品・医療機器サービスを提供，フレゼニウス Vamed：医療施設の運営・企画など，フレゼニウス Medical Care：人工透析装置や関連医療機器の製造・販売）を保有しており，中でも大きいのが，透析関連事業を手がけるフレゼニウス Medical Careであり，2015年の売上高は15,086百万ユーロにも及ぶ。

フレゼニウス Medical Careの売上高をもう少し詳しく見てみると，大きく製品とサービスに分けられる。透析関連製品が3,016百万ユーロであるのに対

し，透析サービスが12,071百万ユーロとなっている。
（※以下，特別な記載が無い限りにおいて，「フレゼニウス」と表現するときには透析事業部門の「フレゼニウス Medical Care」を指すものとする。）

　元々フレゼニウスは，透析治療の際に血液を透析する膜であるダイアライザー及び透析装置のメーカーであった。しかし2005年以降，川下に位置する透

図表4-8　近年のフレゼニウスの買収実績

(MUSD)

年	買収先	買収先の主な事業	買収金額
2016	Xenios AG	低侵襲肺・心臓補助装置	－
2016	Sandor Nephro Services Pvt Ltd	インド第2位の透析サービス事業	－
2014	National Cardiovascular Partners, LP	循環器治療サービス事業	－
2014	CRG Operating Company, LLC	緊急治療サービス・健康診断・予防接種サービス事業	－
2014	Sound Inpatient Physicians, Inc.	医師派遣サービス事業	600.0
2011	Eight Private Clinics and Nefrocontrol S.A.	エクアドルの透析サービス事業・販売代理業	－
2011	Liberty Dialysis, LLC	米国の透析サービス事業	1,692.65
2011	American Access Care Holdings, LLC	循環器治療・血管外科治療サービス事業	385.0
2011	Renal Advantage Inc.	米国の透析サービス事業	300.0
2011	Hema Metrics, LLC	低侵襲血液測定装置	－
2011	Euromedic International B.V., International Dialysis Centers	東欧の透析サービス事業	645.5
2010	Gambro AB, Global Peritoneal Dialysis Business and Related Assets	腹膜透析装置	84.51
2010	Kraevoy Nefrologicheskiy Center	ロシアの透析サービス事業	－
2009	11 Clinics in US	米国の透析サービス事業	－
2008	Max Well Medical, Inc.	調剤薬局事業	－
2007	Renal Solutions, Inc.	腎移植向け吸着技術開発	200.0
2007	Jiate Excelsior Co. Ltd.	台湾の透析サービス事業	38.0

出所）Capital IQよりNRI作成

析サービス事業者を次々に買収し、サービス事業の地域を拡大することで事業拡大を図ってきた。

さらにフレゼニウスは、近年は"Care Coordination"に注力している。Care Coordinationとは、フレゼニウスがこれまで培ってきた透析装置・サービス事業を軸に、近年開発・獲得してきた循環器治療サービス・血管外科サービス、医師派遣サービス、薬局サービスなどの各種サービスを加えて、慢性疾患患者をケアする一連の医療サービスを保険者に対して提供する事業である。フレゼニウスが各種サービスをバンドルし最適化することで、高い質の医療を低コストで提供することを訴求している。

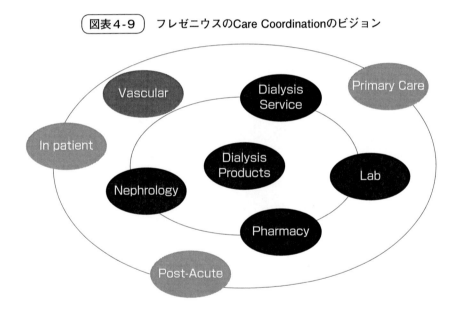

図表4-9　フレゼニウスのCare Coordinationのビジョン

フレゼニウスの透析サービスへの事業拡大は、「自ら、自社製品の顧客となることで、自社製品の採用を増やす」ことを狙いとしている。フレゼニウスは、収益性の高い自社製ダイアライザーの採用率を高めるために、川下の透析サービス事業まで下りていったのである。通常、このような直接的な川下展開は、

これまでの顧客と競合関係となることになり，その結果顧客が別ブランドにスイッチングすることで，かえって自社製品の売上が減少するリスクも想定されるため，意思決定に躊躇するメーカーが多い。しかしフレゼニウスの場合は，すでにダイアライザー・透析装置で一定のブランドを築いていたため，これまでの顧客と競合関係になる川下展開をしたとしても，他ブランドへのスイッチングが限定的であることを見越し，サービスへの展開による事業拡大を志向したのである。

さらに，近年のCare Coordination事業への事業拡大は，先進国（特に米国）で進む医療費適正化の流れのなかで，なるべく医療費を適正化したい保険者のニーズに合わせて，糖尿病から広く「慢性疾患」向けにトータルでサービスを提供することが狙いである。コスト削減余地の大きい慢性疾患の1つである糖尿病治療，透析装置・サービスで培った事業資産を強みに展開しうる事業機会を「慢性疾患」という一段広いレイヤーでとらえなおし，高血圧や循環器疾患など周辺の慢性疾患の治療サービスを獲得し，保険者に対してより広い範囲でサービスを提供できるようになったのである。あくまで「慢性疾患」という軸を維持していることが，各疾患で提供すべき医療サービスの内容や医療費適正化方策などの共通性を担保しており，効率的な事業拡大を可能にしているのである。

② ストライカー

ストライカーは整形外科材料や手術関連機器・機材，そして神経技術・脊椎関連領域に強いグローバルメーカーである。同社の2015 Annual Report等によれば，売上構成比は整形外科関連（43%），手術関連（39%），脳血管・脊椎関連（18%）となっている。

整形外科関連では，人工股関節・人工膝関節・人工肩関節や，骨盤骨折の骨接合術に使用する固定材料等の製品提供を行っている。

手術関連では，手術用パワーインストルメンツ（電動のこぎりを含む）をはじめとした手術室関連医療機器の製造・販売を主としている。手術用医療機器

や関節鏡・腹腔鏡のほか，病院のベッド，ストレッチャー，院内家具，歩行補助機など，手術室及びその周辺領域への製品提供を行っている。

　脳血管・脊椎関連のうち，脳血管領域では，脳動脈瘤やその他の脳血管疾患における血管内治療用製品として，脳動脈瘤塞栓用プラチナコイルの他，マイクロカテーテル，マイクロガイドワイヤー，経皮的血管形成術（PTA）用バルーンカテーテル等の製品提供を行っている。また，脊椎領域では，脊椎を形成する頚椎・胸椎・腰椎等のあらゆる部位における外科的治療に適用されるインプラントを提供している。これらは脊椎専門医を中心に高い評価を獲得しており，上位胸椎から仙椎に至るまでの脊椎固定術に幅広く適用されている。

　このようにストライカーは，3つの主要セグメントにおける製品提供を軸に事業規模を拡大してきた。一方で近年では，医療機器・医療材料の製造販売だけでなく，周辺サービス事業領域にも進出を始めている。

　例えば整形外科関連では，回収された関連医療機器・医療材料に対する滅菌処理サービスを提供している。また，単回使用製品の再加工処理もサービスとして提供している。

　また手術関連では，手術室における多様なデジタル情報の中央管理システムを提供し，手術室管理の効率化やリスクマネージメントの実現に寄与している。また遠隔医療支援の提供も行っているほか，医師間での症例共有サービスや手術プロセス共有など，教育・研修に資するサービス提供も行っている。

　こうしたサービス事業領域への進出を含むストライカーの事業拡大方針は，自社の既存製品が強みを持つ顧客接点として手術室に着目したうえで，その手術室における業務プロセスに着目した"事業を創る"であると考えられる。

　事前準備業務においては医療機器・医療材料の製品提供を行いつつ，術中支援として手術室中央管理システム等を提供し，さらに術後の医療材料の回収・滅菌工程において滅菌処理サービスの提供を行っている。このようにストライカーは，既存の製品提供先の業務課題に着目し，サービス事業領域にまで参入して事業領域の拡大を体現できている企業の1つであるといえる。

　またストライカーは，こうした事業領域拡大の手法としてM&Aを積極的に

活用する企業でもある。例えば2014年2月に買収したBerchtold Holding, AGは，手術室やICUにおける外科手術用照明システムを保有する企業であった。少し古い事例だが，2011年のBoston Scientificから神経血管領域の事業部を買収したことにも代表されるように，自社が強みを持つ事業領域やチャネルを明確に定めたうえで，それを補完する製品・サービスを取得するためのM&Aを積極的に展開している企業であるといえる。

③ ロシュ・ダイアグノスティックス

　ロシュ・ダイアグノスティックスは，スイスに本拠を置く世界的なヘルスケア企業ロシュ・グループの診断薬・機器事業部門で，2015年度の売上高は10,814百万スイスフラン（約1.2兆円）と当該領域におけるグローバルメジャーである。主に，免疫や生化学，遺伝子検査など，臨床検査室向けやポイントオブケアの装置と試薬・消耗品を幅広く手がけている。
（※以下，特別な記載が無い限りにおいて，「ロシュ」と表現するときには診断薬・機器事業部門の「ロシュ・ダイアグノスティックス」を指すものとする。）

　ロシュは，2015年に，出生前検査サービスを提供するAriosa Diagnosticsを買収した。Ariosaは，妊娠10週という早期に使用する血液検査で，ダウン症候群と他の遺伝的な異常のリスクを判定する診断サービスを提供している。ロシュのビジネスモデルは装置をインストールしそこからあがる試薬で儲ける，というものであったが，自らラボを持ち診断サービスを手がける川下展開を実行した。

　しかしロシュによるAriosaの買収には，診断薬・サービスならではの特殊な事情が背景にある。米国では，出生前検査やがん検査などにおいては，疾患のバイオマーカーを発見した後に事業化する場合に，機器・消耗品事業を開始する前に，LDT（Laboratory Developed Test）という形で診断サービスから入るのが一般的である。機器・消耗品事業を開始するためにはFDA（米国食品医薬品局）の承認を経る必要があるのに対し，LDTはFDAの管理下にはなく（※2016年10月時点），診断を行うラボがClinical Laboratory Improvement

Amendments（CLIA）法に基づくCLIAラボの認定を受けることのみが要件となる。そのため，まずはCLIAラボでの診断サービス事業から事業化し，実績を積みながら機器・消耗品開発を進めFDA承認を取得し，機器・消耗品事業という川上に上る，ということを志向する診断サービス事業者がほとんどである。Ariosaを買収したロシュも，診断サービス事業に進出するというよりは，Ariosaの持つ出生前検査の事業資産を活用して，自社のビジネスモデルである機器・消耗品事業に展開する思惑が強い。

逆に考えると，診断事業においては，機器・消耗品売りを経ずにいきなり診断サービス事業で戦うことが可能な領域といえる。特に日本には，光学など検出系に強みを持つ医療機器メーカーが多く存在する。彼らにとって，バイオマーカーを持つ診断サービス事業を獲得し，その後に自社の技術を用いて機器・消耗品事業に上るという逆の"事業を創る"ことの検討余地はあるだろう。

(2) データ解析による顧客の課題解決を行う事例

① ゼネラル・エレクトロニック（GE）

1) GEのインダストリアル・インターネット

世界的な複合企業GEは，インダストリアル・インターネットを第三の産業革命の波として，世界で推進しようとしている。つまり，18世紀から20世紀まで，世界の社会・経済・文化に大きな影響を与えた「産業革命」を「第1の波」と，20世紀後半に世界を変革した「インターネット革命」を「第2の波」，そして「インダストリアル・インターネット」は「第3の波」として，推進している。この「インダストリアル・インターネット」がもたらす先進的な産業機器，予測分析ソフトウェアによって，意思決定をする人々が結び付き，その結果，医療技術の向上が可能となり，医療業界の生産性向上を実現しようとしている。GEは，その中心的事業である航空機やガスタービンなどの重電などのインフラ分野だけでなく，ヘルスケア分野でもインダストリアル・インターネットを活用する取り組みを積極的に推進している。

例えば，急速に高齢化が進む日本を「課題先進国」ととらえ，団塊の世代が

75歳以上となる2025年に向けて，ヘルスケア市場の構造改革を強力なリーダーシップで推進しようとしている。日本では高齢化が世界に類を見ないスピードで進んでおり，国民医療費も40兆円を超え，前例のない数多くの問題を乗り越えていかなければならないため，世界に先駆けた社会課題の解決を先行して推進している。

例えば，日本の医療現場では，医療機器の稼働率改善や検査需要の増加，高齢患者ケアへの医療スタッフの負担増加などといった課題に対し，より具体的かつ持続的な解決策を策定しようとしている。

2） GEが目指す事業の姿

GEのヘルスケア部門であるGEヘルスケアは，機器の販売・保守事業を行う医療機器メーカーから病院のビジネスパートナーとして様々な院内課題をサポートするソリューションカンパニーに変革しようとしている。こうしたGEの取り組みは，常に，病院にとっての成果は何であるかを考え，臨床，経営，生産性の3つの視点から，顧客がどのようなアウトカム，つまり成果を求めているかを理解し，顧客との共通認識を醸成しようとしている。

具体的にはハードウェアからのデータ，患者に関するデータ，従業員のオペレーションに関するデータを集め，解析を行うことにより，顧客が求める成果を実現しようとしている。GEは自社で開発したクラウドプラットフォームであるPredixにより，病院データを共有し，分析することで，患者に安心・安全な治療を提供すると同時に病院の生産性を高めようとしている。

3） 「Brilliant Hospital構想」

このような病院の課題に対し，GEヘルスケアが提案する未来型の解決策が「Brilliant Hospital（ブリリアント・ホスピタル）構想」である。これは，インダストリアル・インターネットを医療現場において活用し，医療従事者や経営者に対して新たな知見を提供するGEヘルスケアの新しいサービス体系である。GEは，「Brilliant Hospital」にて，病院内のモバイル端末や電子カルテで

デジタル化された院内業務，ネットワークにつながる医療機器とその情報，従業員のオペレーションデータや臨床データなどをネットワークで接続し，収集したビッグデータを病院運営に活用していくことを実現しようとしている。

従来の病院向けサービスモデルは，製品が「壊れたら直す」というような顧客からの依頼ベースの保守サービスが主流であったが，院内の様々な課題が生じる前にビッグデータ分析で予測的に予兆解析を行うものである。このようにデータを使い，院内の人・モノの情報をつなぎ，データを病院の資産にすることで，病院経営の最適化を可能にしようとしている。

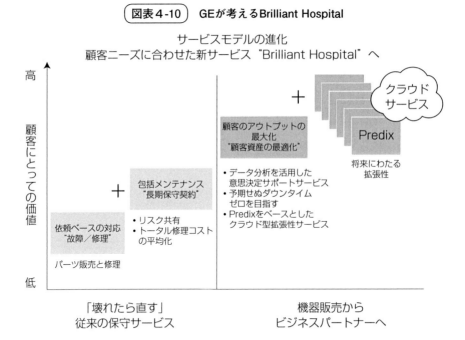

図表4-10　GEが考えるBrilliant Hospital

2016年5月からサービス展開しているBrilliant RaDiは，画像診断機器から発生するデータをPredix上のデータベースに自動収集し，GEコマンドセンターといわれる解析専門チームがデータ分析や監視を行うことで，データ分析の内

容をもとに顧客と会議を行い，情報共有を進め，データ分析結果に基づいた様々な改善を行っている。具体的には，機器の予兆保全を行い，故障発生の予兆を早期に発見し，部品交換を行うことで，ダウンタイムが発生することを防いでいる。このBrilliant RaDiのパイロット施設である伊勢赤十字病院では，日勤帯での修理時間が40％減少するなど大きな成果を生み出している。

② 日立製作所
1) ヘルスケアにおけるフロント機能の強化

日立製作所は2016年4月に，顧客の課題解決力を強化するため，フロント機能を強化した顧客業種別事業体制への変革を推進した（図表3-11）。ヘルスケア業界に対しては，日立製作所内にヘルスケアBUをフロントBUとして設置し，日立グループ全体のヘルスケア事業を牽引する体制に変更している。日立全体のヘルスケア事業として，a) 診断・臨床事業（画像診断装置（超音波，MRIなど）），b) 検査・試薬事業（分析装置，検査自動化システム），c) インフォマティック事業（アナリティックス，地域包括ケア）で構成し，フロントBUのもとで一丸となった事業推進を進めている。また，主要子会社の事業もフロントBUの体制のもと一丸となった推進を行う体制とし，日立ハイテクノロジーズが検査・試薬などのバイオメディカル事業，日立化成は再生医療などのライフサイエンス事業を推進する体制とした。

2) データ解析事業の強化
a) サービス＆プラットフォームBUの構築

日立製作所はフロントBUであるヘルスケアBUのもと，一丸となってヘルスケア事業を強化するため，フロントBUを支えるサービス＆プラットフォームBUを構築し，社内各部門に分散していたAI，アナリティクス，セキュリティ，ロボティクス，制御技術をはじめとした高度なサービスを提供するために必要不可欠な技術を統合，集約した。

これにより，フロントBUに，オープンな共通プラットフォームを迅速かつ

効率的に提供しようとしている。そして，フロントBUを支え，データ解析を進めていくためのIoTプラットフォームとして，Lumadaを発表している。日立製作所はLumadaにより顧客の機器データ，顧客のオペレーションデータを収集解析することで，顧客である病院の生産性・安全性の向上，オペレーションの最適化などの課題解決を推進しようとしている。

b) 病院の診療データの一元管理を行うデータ集積基盤の構築

日立製作所は，先進国を中心とした医療費の増加という社会課題に対応するために，病院やクリニックなどに存在している様々なデータ形態でのデータを分析し，利活用することを目指している。しかしながら，医療機関には電子カルテなど膨大なデータは存在するが，病院や施設ごとにその形式が異なっており，利活用はできない。こうした状況を打破し，個別化医療を実現するため，総合的に解析し，病院間や地域といった従来の枠を超えたヘルスケアデータの利活用ができる環境を整えようとしている。

例えば，国立病院機構（以下，NHO）では，「電子カルテデータ標準化等のためのIT基盤構築事業」を推進している。日立はこの事業に電子カルテベンダー6社と参画している。電子カルテメーカーにはメーカーや病院の規模によって様々な種類があり，データの互換性の問題から多数の病院に蓄積されたデータを統合的に分析することはできなかった。このような課題に対して，NHOでは，傘下の病院の電子カルテデータを統合する施設情報集積基盤（NCDA：NHO Clinical Data Archives）を構築し，日立はそのなかで，データセンター側機能の開発を推進した。これにより，標準規格のデータ形式に変換された電子カルテデータ及びレセプト情報などを一元的に集積できる基盤を構築した。

NHOではこのデータ集積基盤を，運営する全ての病院の電子カルテデータを一元的に収集・蓄積し，活用するための基盤に据える。各病院の個別の電子カルテデータについては，厚生労働省電子的診療情報交換推進事業が策定し，2016年2月に「厚生労働省標準規格」として認定された診療情報の標準仕様である「SS-MIX2」形式で収集する。同時に，別途蓄積された「DPC（Diagnosis

Procedure Combination：診断群分類別包括評価）」データや，レセプト（診療報酬明細書）データも統合してデータベース化する。こうした手法を採ることで，各病院が運営する電子カルテシステムに変更を加えることなく，電子カルテ情報を収集し，分析可能とした。膨大な診療情報を効率的に分析し，可視化することで，提供する医療の質の向上や病院の経営効率改善につなげたいとしている。

5　"事業を創る"モデル実現に向けて

　前節までで，ヘルスケア事業がおかれている事業環境，改革の方向性と先行事例を見てきた。本節では，"事業を創る"ことの実現に向けて，どのようなステップで進めていくか，着手に取り組むべきことを述べていきたい。
　"事業を創る"ことを進めるためには，(1)足がかりにする自社の資産，強みの明確化，(2)自社の強みを生かして"事業を創る"，(3)周辺サービスやIoTを活用したビジネスモデルの構築が必要となる。

(1) 足がかりにする自社の資産，強みの明確化

　"事業を創る"うえで重要となるのは，自社の既存事業で，基盤として活用する顧客接点，疾病に関する理解，コア技術など何を基盤にするのかを明確にすることである。
　フレゼニウスは，透析膜事業における顧客接点と糖尿病（慢性疾患）という疾病に関する深い理解を自社の強みとした。ストライカーも手術室をその強い顧客接点と定義している。また，日立製作所は自社が保有する様々なデータを解析する技術やICT技術（情報通信技術）を自社のコア技術と定義した。
　こうした事例に見られるように"事業を創る"ため，大事なのは自社の強みは何で，基盤とすべき技術・顧客資産はどのようなものかを明確に定義することだ。こうした自社の強みの定義は，事業コンセプトを作っていくうえで，顧客に対する納得性，自社内部での"事業を創る"方向性への"腹おち感覚"を

醸成していくための基盤となっていく。

(2) 自社の強みを生かして"事業を創る"

　ストライカーは手術室という強い顧客接点を生かし，手術室における業務プロセスに着目をして"事業を創った"。フレゼニウスも，透析膜事業における顧客接点と糖尿病（慢性疾患）という疾病に関する深い理解を強みとし，事業領域を透析センター，さらには慢性疾患全般に広げている。

　両社の事例に見られるように，自社が強い顧客接点を生かし，業務プロセスの課題を深め，その課題に対する解決を行っていくサービス事業領域に進出していくことにより，顧客接点に対する強い囲い込みを実現していく。さらに，疾病に関する理解を強みとして，自社が強い顧客接点をさらに強化するのみならず，顧客基盤を広げていくことができる。フレゼニウスは糖尿病（慢性疾患）への理解を生かし，その顧客基盤を透析センターやCare Coordinationなどへ広げている。

　また，ストライカーの事例に見られるように，自社の強みを生かし，"事業を創る"ことを進めるに際して，自社の製品，人員などのリソースだけでは足りないことが明らかになれば，外部リソースからの補完を積極的に進めることにより，顧客の業務上での課題を解決していくことも必要だ。

　こうした事例から，自社の強みである顧客接点を明確に定義し，その業務プロセスの課題を抽出しながら，その解決ができるサービス事業領域での"事業を創る"には，自社の強い顧客接点をさらに深めることができる。

　また，疾病についての理解をふまえ，予防から診断，治療と疾病を軸に顧客基盤を広げていくことも可能となる。

(3) 周辺サービスやIoTを活用したビジネスモデルの構築

　最後に"事業を創る"うえで重要となるのは，ビジネスモデルの構築である。例えばロシュが機器・試薬サービスに落とし込むことは，試薬サービスという高い収益を獲得できる事業としていくことで，自社の強みを生かしつつ，何で

収益を獲得するのかを明確にしている。

　GEヘルスケアは，機器の販売・保守事業を行う医療機器メーカーから病院のビジネスパートナーとして様々な院内課題をサポートするソリューションカンパニーに変革しようとしている。こうしたGEの取り組みは，常に，病院にとっての成果は何であるかを考え，臨床，経営，生産性の3つの視点から，顧客がどのようなアウトカム，つまり成果を求めているかを理解し，顧客との共通認識を醸成しようとしている。ここでのGEのビジネスモデルは，画像診断機器からのデータや病院の従業員のオペレーションに関するデータなどを専門の分析チーム（GEコマンドセンター）が監視を行うことで，業務オペレーションの改善，製品の予兆保全による稼動改善と病院の収益向上に寄与することを目指している。

　GEはこうした病院への臨床，経営，生産性での貢献により，製品単体ではなく，データ解析，予兆保全サービス全体で収益をあげるサービス事業モデルに転換しようとしている。こうした事業モデルに転換するため，GEでは，現状認識を可視化するためのプラットフォームとしてPredixを戦略的に活用し，製品単体の事業からデータ分析を中心としたサービス事業モデルに転換をすることで，さらなる製品事業の強化も実現しようとしている。こうした事例に見られるように，周辺サービスの収益化やIoTなどの新しい技術を用いたサービスに乗り出すことにより，製品販売にとどまらず収益機会を獲得できるビジネスモデルを構築しなければならない。

【著者紹介】

青嶋　稔
株式会社野村総合研究所　コンサルティング事業本部　パートナー
大学時代，製造業に対する経営コンサルタントになることを決め，精密機器メーカーに16年勤務。1988年精密機器メーカーに入社し，大手企業向け営業，米国現地法人における営業マネジメント，営業改革，新規事業開発，M&A，PMI担当マネージャーを歴任。米国より帰国後，2005年野村総合研究所に参画。現在，同社，パートナー。
専門は中期経営計画策定，長期ビジョン策定，M&A戦略，PMI戦略の策定と実行支援，新規事業開発。
1章，2章，3章，4章　執筆，全体編集

下　寛和
株式会社野村総合研究所　上級コンサルタント
専門は自動車関連製造業におけるサプライチェーン改革，プライシングマネジメント，ビッグデータ分析およびそのための基盤構築支援など。
4章「自動車」執筆

田口健太
株式会社野村総合研究所　消費サービス・ヘルスケアコンサルティング部　グループマネージャー
専門は，社会保障政策支援，ヘルスケア領域の事業戦略策定など。
4章「ヘルスケア産業」執筆

藤田亮恭
株式会社野村総合研究所　消費サービス・ヘルスケアコンサルティング部　上級コンサルタント
専門は，ヘルスケア領域のドメイン設定，事業戦略策定，海外展開など。
4章「ヘルスケア産業」執筆

事業を創る。─日本製造業のビジネス大転換		
2018年2月1日	第1版第1刷発行	
2021年3月30日	第1版第2刷発行	

著 者	青　嶋	稔
発行者	山　本	継
発行所	㈱中　央　経　済　社	
発売元	㈱中央経済グループパブリッシング	

〒101-0051　東京都千代田区神田神保町1-31-2
電話　03 (3293) 3371 (編集代表)
　　　03 (3293) 3381 (営業代表)
https://www.chuokeizai.co.jp
印刷／三英印刷㈱
製本／侑井上製本所

Ⓒ 2018
Printed in Japan

＊頁の「欠落」や「順序違い」などがありましたらお取り替えいたしますので発売元までご送付ください。(送料小社負担)
ISBN978-4-502-25181-8　C3034

JCOPY 〈出版者著作権管理機構委託出版物〉本書を無断で複写複製 (コピー) することは，著作権法上の例外を除き，禁じられています。本書をコピーされる場合は事前に出版者著作権管理機構 (JCOPY) の許諾を受けてください。
JCOPY 〈http://www.jcopy.or.jp　eメール：info@jcopy.or.jp〉